体育场地热环境

肖勇强　著

北京体育大学出版社

策划编辑 赵海宁
责任编辑 李光源
责任校对 郝 彤
版式设计 久书鑫

图书在版编目（CIP）数据

体育场地热环境/肖勇强著. --北京：北京体育大学出版社，2021.8
ISBN 978-7-5644-3472-4

Ⅰ.①体… Ⅱ.①肖… Ⅲ.①体育场-地热系统-研究 Ⅳ.①G818②P314.2

中国版本图书馆 CIP 数据核字（2021）第 170298 号

体育场地热环境
TIYU CHANGDI REHUANJING

肖勇强 著

出版发行：北京体育大学出版社
地　　址：北京市海淀区农大南路 1 号院 2 号楼 2 层办公 B-212
邮　　编：100084
网　　址：http://cbs.bsu.edu.cn
发 行 部：010-62989320
邮 购 部：北京体育大学出版社读者服务部 010-62989432
印　　刷：北京建宏印刷有限公司
开　　本：710mm×1000mm　1/16
成品尺寸：170mm×240mm
印　　张：11.5
字　　数：192 千字
版　　次：2021 年 8 月第 1 版
印　　次：2021 年 8 月第 1 次印刷
定　　价：69.00 元

（本书如有印装质量问题，请与出版社联系调换）

前言

习近平总书记指出："体育承载着国家强盛、民族振兴的梦想。体育强则中国强，国运兴则体育兴。"《"健康中国2030"规划纲要》也提出了"普及健康生活、优化健康服务、完善健康保障、建设健康环境、发展健康产业"五方面的战略任务。目前，我国全面展开体育强国的建设发展工作，这意味着中国体育将整体步入一个全方位、多领域、深层次发展的新阶段。

随着《体育发展"十三五"规划》的发布，为实现我国体育强国的战略目标和建设健康中国的任务要求，体育场地的建设进入了高速发展时期。由于体育场地人员密度较大、使用者多以高强度活动为主，其对环境的冷热具有特殊性需求。运动状态人群与安静状态人群对体育场地环境的舒适性需求也存在一定的差异。如何最大限度地满足体育场地内运动人体的热舒适性需求，减少不利热环境对运动健康的影响，如何创造良好的体育场地环境为运动人群提供更好服务，已成为重点关注的课题。

体育场地是体育运动非常重要的一种物质载体，体育场地热环境是一门交叉科学领域的学科，对体育活动会产生重要影响。近年来，体育场地热环境对运动人体产生的影响已引起建筑环境、运动科学、公共健康、心理学等领域学者的广泛关注。本书侧重用生态的方式来提升场地的热环境质量，通过分析热环境要素对人体生理循环热调节及主观心理的热感觉和疲劳感觉的影响，进而阐述其对运动效果、运动成绩起到的重要作用；通过改善热环境，用舒适的运动热环境来提升人体的运动表现，使得运动人群达到良好的锻炼效果。全书共分八章，由我担任主笔，其他参加撰写的人员包括西安建筑科技大学的高亚萍、钱从山、王彦帅、解全忠、金熙等。

书稿完成之际，我更为深刻地感到开展体育场地环境研究的重要价值。多年的研究让我将体育场地热环境与运动人群热感觉的需求进行了有机的结合，逐渐形成了体育场地环境这一研究方向。我要特别感谢西安建筑科技大学由文华教授及体育建筑管理团队的其他骨干成员为本书提供的宝贵建议。

由于著者水平有限，书中难免存在问题和不足，希望读者多提宝贵意见和建议。

肖勇强

2021 年 6 月

目录 Contents

第一章 绪 论

一、体育场地概述

体育承载着国家强盛、民族振兴的梦想。体育强则中国强，国运兴则体育兴。党的十九大报告更是将实施健康中国战略纳入国家发展的基本方略，把人民健康置于“民族昌盛和国家富强的重要标志”地位，并要求“为人民群众提供全方位全周期健康服务”。目前我国全面展开体育强国的建设发展工作，这意味着中国体育将整体步入一个全方位、多领域、深层次发展的新阶段。具体来说，这一阶段，既要继续扩大规模、优化结构、提升质量，全面打造我国体育发展中的核心竞争力，从整体上解决体育发展中的不平衡、不充分问题，又要推动体育与经济、社会和人民全面发展的全方位对接和协调平衡。

2019 年 8 月 10 日，国务院办公厅印发《体育强国建设纲要》（以下简称《纲要》)。《纲要》明确指出了体育强国之路的发展方向，加强了体育工作的顶层设计，立足于实现体育强国梦与中国梦的有效结合，为我国体育发展注入了新力量，充分发挥为建设社会主义现代化体育强国而展开的新征程的重要作用。国家之所以全面推进体育强国的建设，是因为体育强国对竞技体育、群众体育、体育产业、体育文化和体育外交均产生深远影响，它不仅代表着一个国家体育的雄厚实力和强大的国际竞争力，同时也能够体现人民健康生活方式与经济社会可持续发展间的平衡态势。

场地是体育运动的重要物质基础，作为运动平台对体育人口产生重要影响。场地是为竞技体育、学校体育、群众体育提供行为空间的基本体育运动设施，是体育运动必需的物质保证。体育场地通过科学规划、合理设计、先进的建设施工，构建出规范的运动环境和良好的健身环境。

体育场地的英文含义是“露天的运动场”，它是从古代竞技场演变发展而来的。体育场地在几千年的历史发展过程中，受到民族文化、政治形势、经济发展、城市化、军事化教育等社会环境因素和地理位置、气候等自然环境因素的共同影响。

体育场地是为开展体育运动而建造，符合体育运动要求，供体育教学、训练、竞赛、群众体育锻炼和体育休闲等活动之用的体育设施之一。根据空间是否有覆盖物，体育场地分为室外体育场地和室内体育场地。根据其使用的性质，室外体育场地可以分为室外标准体育场地和室外非标准体育场地，室内体育场地可以分为室内标准体育场地和室内非标准体育场地。

目前，我国使用的体育场地材料主要有混凝土、沥青、煤渣、实木地板、天然草、人造草、聚氨酯、丙烯酸等，另外还有一些新型复合材料也用于体育场地。体育场地的发展是社会经济发展、建筑材料变革和体育科技创新的必然结果。

体育强国以提高全民身体素质和健康水平、促进人的全面发展为目标，而这一切目标的实现均离不开体育场地这一重要物质基础条件的支撑。体育教育多依托体育场地资源，因此体育场地成为推动群众体育、竞技体育、体育产业协调发展的基础条件，对我国体育强国的驱动发展具有重要意义。

二、体育场地热环境概述

伴随着国家、社会经济发展和思想的进步，体育场地的发展也进入了一个新的时期，创建健康、舒适的运动环境已成为体育界的共同行动。场地环境问题日益引起了体育界的广泛重视。

大多数体育场地集中修建在城市中，所在城市环境特征对场地环境起到一定的影响。如今，随着城市的飞速发展，接踵而来的是日益严重的环境问题，空气污染造成的温室效应已使得全球气候变暖。同时，城市地区建筑较为集中，各类人工材料（如混凝土墙面、沥青路面等）吸收的太阳热辐射较多，工业及车辆能耗较大，土地蒸腾作用少，加之相对密集的建筑导致平均风速降低，这些因素共同作用形成了城市热岛效应。热岛效应在夏季白昼会导致地面附近的气温升高 4 ~6℃。这些都加剧了城市热环境的恶化。

热环境的恶化一定程度上降低了人们的生活质量，易导致严重的不适，增加了中暑甚至患热射病的风险。尤其对于室内、户外运动环境，本身运动时人体发热量就很大，短时间让人无法适应的高温，极大威胁了运动人群健康安全。同时环境温度的升高也增加了空调等制冷系统的能源消耗。

几十年来，随着各类技术的发展和环境保护理念的提高，城市热环境得到了人们更多的重视，在许多行业里，绿色环保的理念愈加深入人心，体育场馆建设规划中的绿色生态理念也在逐步更新。国内外各类机构也起草发表了各类标准。美国绿色建筑协会建立了 LEED（Leadership in Energy and Environmental Design）认证等相关认证，对降低热岛效应、提高热环境质量给出了建议。我国在 2006 年 3 月也发布了《绿色建筑评价标准》（GB/T 50378—2006）。同时，我国相关机构还颁布了《中国生态住宅技术评估手册》等指导性意见，其中对住宅周边的风环境、室内外的热环境以及整体的热岛效应都有相关的指导和规定。

夏季室外场地热环境受到相关城市室外环境规划要素的影响，包括城市的太阳辐射，风、雨等气候及城市特有因素，以及场地的铺装材料。城市的自然环境和局部气候是可以塑造的，同样，室外场地热环境也是可以塑造和人为做适当调整的。过去对比赛场地的质量评价，主要侧重在体育场地的面层材料上，例如用地板类、塑胶类、人造草坪类、复合材料类等高强度、有弹性的材料建造体育场地，改善运动员的运动条件。而现在要还要考虑场地铺装材料的热敏感性和对室外体育场地周边环境的塑造，以此来改善体育场地的热环境。

室内体育场地热环境对人的身心健康、舒适度和运动效果也会有显著的影响。近年来，体育场地热环境对运动人体产生的影响已引起建筑环境、运动科学、公共健康、心理学等领域学者的广泛关注，通过影响人体生理循环热调节、主观心理的热感觉以及疲劳感觉对运动产生一定程度的作用。具体来说，舒适的运动热环境能够促进机体的运动表现，有助于达到良好的锻炼效果；较差的运动热环境则会对机体运动健康存在威胁。由此可见，体育场地热环境不仅仅是为了满足一个观赏比赛的舒适性需求，更重要的是保障运动训练、运动竞赛及身体锻炼的环境要求。然而，现有体育场地环境参数设计标准规范大多是参照美国采暖、制冷与空调工程师学会（American Society of Heating, Refrigerating and Air-conditioning Engineers, ASHRAE）Standard 55 和 ISO 7730 中关于稳态空调采暖建筑环境的标准来制定的。同时，在国内相关规范中也并未考虑场地内处于不同运动状态的运动员和观众两类人群的差异性，在热环境参数设计上采用了统一标准，统一规定了环境温度、湿度、风速等参数要求。

国外研究者对于体育类建筑的使用人群运动状态下的热环境研究有限。美国康奈尔大学曾对夏威夷州6所学校的29个体育场馆（包括自然通风和空调送风）中的3 544名老师和学生进行了现场调查，发现绝大多数的物理参数都在规定的舒适环境参数范围之外，但是结果显示不管是自然通风还是空调送风，超过80%的受试者对他们所处的热环境表示接受，因此建议自然通风和空调送风下的热舒适标准应分别给予制定；苏奇（Szucs）等从方法论的角度对体育场的人体热舒适进行评价和分析，并通过风洞测试指出体育场馆的屋顶位置对热舒适的影响以及提出一种适用于体育场的人体热舒适评价方法及热舒适范围。

因此，为体育做好服务，创建舒适、健康、绿色、低碳的体育场地，是运动训练、运动竞赛及身体锻炼的重要保障。场地环境控制需求，不仅仅是提供一个观赏比赛的舒适环境，重要的是保障体育运动训练、运动竞赛及身体锻炼的环境要求。

三、体育场地的生态降温与节能

随着生活水平的提高，人们对运动环境的要求越来越高，同时对体育场地的生态降温与节能的要求也变得更高。这就要求我们在满足人们对环境的舒适性需求的同时，还要注意利用好生态降温技术来实现场地热环境的改善。

据我国第六次体育场地普查数据，截至2013年12月31日，全国共有体育场地169.46万个，用地面积39.82亿平方米，建筑面积2.59亿平方米，场地面积19.92亿平方米。其中，室内体育场地16.91万个，场地面积0.62亿平方米；室外体育场地152.55万个，场地面积19.30亿平方米。以2013年末内地总人口13.61亿人计算，平均每万人拥有体育场地12.45个，人均体育场地面积1.46平方米。

对室外体育场地热环境进行人工干预、生态降温、绿色塑造，是目前体育场地环境规划研究的关注点，采用场地周边人工湿地降温干预模式、场地人造雾降温干预模式、树荫及人造膜遮阳模式、场地周边垂直绿化模式等，给室外体育场地热环境的营造带来了全新的理念。

对于室内体育场地热环境的控制，大家普遍首先想到的是空调降温的方式。但体育场馆中央空调能耗大是目前体育场馆运行管理的突出问题。一个中等规模的体育馆，中央空调一天的能耗在8 000～10 000元，运行成本过高制约了体育场馆的经济性运营；而学校、社会公益性体育场馆的空调运行成本过高，严重制约了学校体育和全社会全民健身高质量的发展。

为了使室内体育场地既保证健康、舒适的热环境，又降低运行成本，本书作者对地道风降温技术这种生态降温方式在体育场馆中应用做了有益尝试。为了在西北地区有条件的体育馆推广土壤蓄冷的地道风送风方案，本书作者也做了大量的研究和设计，包含场地送风形式，并对比赛风速的影响做了分析。室内体育场地热环境运行能耗，要通过生态、低碳、绿色的方式降低，让公众用得起高标准的室内场地，真正提升全民健身的运动环境水准。

此外，针对室内体育场地热环境要做大量的调查研究，温度控制得过高或过低都不好，例如根据有关资料分析计算，夏季室内计算温度由26℃提高到28℃，冷负荷可减少21%～23%；冬季由22℃降为20℃，则热负荷可以减少26%～31%。因此，体育场地热环境参数既要充分考虑体育运动人群的实际需求，也要考虑节能运行的需求。

要研究不同运动适宜的温度参数来为场地竞赛和训练服务，为降低场地运行能耗服务。对于有些项目的运动员而言，室温稍高一些为好，温度低容易影响运动成绩，不能一概而论。

当前，暖通空调专业相关标准规范中推荐的室内空调温度设计参数（25～27℃）仅考虑了普通人群热舒适。而运动人体处于室内空调环境时，由于运动负荷不断增强，人体长时间处于高热干燥状态，皮肤失水散热增强，形成强烈的运动冷热冲击，引起体内盐分、维生素缺失，造成强烈的不舒适感及病态建筑综合征。因此，体育场馆环境设计参数的确定应充分权衡运动舒适性需求，营造舒适的环境温度对运动人群显得至关重要。

为获得舒适的体育场馆环境温度，通常要消耗大量的空调系统能耗。建筑能耗大约占我国总能耗的1/4，其中空调系统能耗约占建筑能耗的30%～60%，且体育建筑能耗一般比居住建筑能耗要高出很多。30%的体育建筑耗能占了总建筑能耗的70%，因此体育场馆建筑具有巨大的节能潜力，提高体育场馆环境舒适性的同时控制建筑能耗是热环境设计的一项重要因素。

目前，体育场馆的暖通空调设计规范中环境温度的参数取值难以满足运动人群的热适应性需求，因此权衡热舒适性和建筑节能对体育场馆环境温度的需求，确定合理的环境温度参数的推荐范围是另一项重要研究内容。通过综合考虑环境温度对人体生理和心理应激反应的影响，基于满足运动人体热感觉水平的需要合理调控体育场馆热环境，科学管控体育场馆空调系统能耗，充分挖掘体育场馆空调系统的巨大节能潜力。

在建筑环境领域，营造舒适的室内环境是人们建造建筑的首要目的，室内热舒适的标准深刻影响着建筑的性能、质量和能耗。随着空调成为普遍建筑控制温度的策略，应该有可能在更长的时间内确定热舒适度的趋势，这对于夏季空调系统节能具有重要意义。

随着我国对体育场馆的运动热环境参数研究的逐渐重视，相关理论与实践研究逐步发展。学者李晋以广州地区夏季自然通风体育馆中运动人群和观众人群为研究对象，对自然通风体育馆室内用户的热舒适范围进行研究，初步建立了这两类人群的适应性热舒适模型和对应的热舒适范围，并分析了这两类人群的适应性热舒适模型和热舒适范围的区别。但他所建立的舒适性模型仅依据以热感觉投票与对应区域温度的线性拟合，未考虑人体的生理应激反应等因素，且样本量较少，研究存在很大的局限性。李东东通过软件模拟分析，研究不同设计策略对训练馆建筑运动热舒适的影响，根据不同季节所引起的外部热环境的变化，提出了可以调整变化的动态设计策略，使训练馆建筑能够顺应环境变化，提升运动热舒适水平。季泰等人在方戈（Fanger）的人体热舒适模型的基础上，提出了衣着覆盖率的概念并针对辐射、体表扩散的模型进行适当修正。同时，以羽毛球项目为例，并对不同模型的人体热感觉结果进行精确度比较分析，研究结果可较好地预测不同环境参数下不同项目运动人体的热舒适情况。但这一研究还没有形成严谨的评价体系，有待进一步完善发展。

目前，国内外关于热舒适的研究主要集中在城市办公、居住、学习等建筑内处于相对静坐或低强度活动状态中的人群，而对体育场馆中高强度活动的运动人群研究涉及仍然相对匮乏。这主要是因为与办公、居住、学习等建筑相比，体育场馆内人员密度、人群活动状态、衣服热阻、适应性调节方式（如改变通风方式、照明系统、设定不同的环境温度等）有较大不同。体育场馆内的受试者的热感觉不仅会根据气候、地理位置的变化而变化，还会根据运动强度的变化而发生改变；再加上由于未能科学界定运动员和观众两种人群对环境的不同需求，不但造成体育馆环境无法很好地满足不同使用者的要求，同时也增加了空调系统的能耗。至今为止，鲜有以体育场馆内的运动人群为研究对象，建立对应的热舒适性评价模型，并提出体育场馆运动人群的热舒适度、室内空间调节的舒适健康的环境参数，以及更好地理解支撑运动过程中的生理和感知过程，因此对于体育场馆内运动人群的舒适性的研究显得尤为重要。

四、人体热舒适性需求和热舒适模型

随着《体育发展“十三五”规划》的发布，为实现我国体育强国的战略目标和建设健康中国的任务要求，体育场地的建设进入了高速发展时期。由于体育场地人员密度较大，使用者多以高强度活动为主，其对环境的热需求具有特殊性，运动状态人群对体育场地环境的舒适性需求与安静状态人群存在一定的差异性，而当前的热舒适评价模型是根据以安静状态或低代谢条件下的人群为主进行评定的，是否适用于运动状态人群仍需进一步的研究，因此，基于运动状态人群舒适性研究是核心内容，如何最大限度地满足体育场地运动人体的热舒适性需求，如何减少不利热环境对运动健康的影响，如何创造良好的体育场地环境为运动人体热舒适性服务将成为重点关注的课题。

1. 人体热舒适性需求

关于人体热舒适的研究，国外起步较早。国内外学者在人体热舒适方面做了大量的实验研究和现场调研，大多采用以人体主观问卷调查的方式对人体热舒适影响进行评价，依据不同的实验场地展开研究：一种是专门为热舒适研究建造的室内人工气候实验室，并在其中模拟各科室内环境，开展实验研究；另一种则是在实地建筑环境中进行现场物理环境监测和实际调查研究。

热舒适是人对周围热环境所做的主观满意度评价，不仅反映了客观环境的质量，更是保证了人体正常的生理活动和良好的人机工效。

国外有关人体热舒适的研究始于20世纪早期。自1962年提出6个热舒适基本评价因素，包括4个环境因素和2个个体因素：空气温度、流动速度、平均辐射温度、相对湿度、新陈代谢速率和衣服热阻；热舒适的研究便不再以单一环境因素为主，学者们相继开始综合因素的影响研究。同一时期，丹麦大学基于能量守恒的热平衡方程推出了预计个体热指标的预测平均热感觉（Predictive Mean Vote, PMV）方程，为了提高预测准确性又提出了预测不满意百分率（Predictive Percentage of Dissatisfied，PPD），而热反应预测系统 PMV - PPD 成为目前使用最广泛、最全面的热舒适评价指标，这一指标不仅能够准确地反映受试者所处建筑热环境的实际状况，而且还能够真实地体现受试者在一定环境条件下的冷热感受度和对环境的可接受情况。

20世纪80年代，国外热舒适研究不断深入、扩大，我国学者与国外学者交流频繁，促使我国热舒适领域研究拉开了序幕，研究内容不再仅仅局限于标准人工气候实验室的环境条件下的人体舒适性影响评价，而且考虑了我国不同地区的气候和环境条件差异，以及人群行为活动的差异。学者魏润柏和徐文华开展人与热环境、热舒适方面研究，为国内热舒适研究提供了理论指导，并为热舒适的研究工作奠定了基础；张华玲通过问卷调查和现场测试方法对重庆某高校校舍和居民住宅的夏季室内热环境进行了调研分析，采用 Bin 法划分温度区间，将有效温度与平均热感觉进行线性回归分析，获得了重庆地区夏季住宅建筑的热舒适状况；清华大学的夏一哉、赵荣义等基于我国北京夏季炎热干燥的气候条件，以室内为自然通风的住宅建筑为研究对象，通过现场热环境实际测试及对现场居民主观问卷调查，得出了居民的实测热舒适范围较 ASHRAE Standard 55 标准并不相符，具体表现为受试者的实际热感觉比 ASHRAE Standard 55 标准所提出的低，实测所得到的热舒适的状态更接近实际情况；连之伟阐述了人体热舒适的定义以及影响人体热舒适的环境影响因素，通过分析下送风空调的气流组织与人体热舒适的关系，提出了此种空调方式的气流组织形式对人体热舒适的影响机制；王昭俊等通过对哈尔滨市供暖住宅的不同阶段进行调查，得到各阶段室外气候特征、室内热环境的特征参数及人体热反应特征，发现人体的热中性温度随室内热环境和室外气候的变化而变化，印证了不同阶段不同环境对人体舒适性的影响；曹斌基于热舒适相关理论基础，提出如果建筑均采用完全相同的通风采暖方式，气候越寒冷，室外环境温度低，人们的热舒适性温度应该更低。

随着对热舒适研究的进一步深入和细化，学者们纷纷展开对不同环境条件的不同人群的热舒适研究，更过渡到极限条件下的耐受性问题；同时对于热舒适影响因素的分析更加综合全面，不仅采用主观问卷的方式进行热感觉的定位，更是建立了不同类型的热舒适评价模型，进一步阐述了人体热舒适的影响机制。

2. 人体热舒适模型

热舒适模型是对热环境进行评价及人体舒适性研究的基础，目前室内热环境及人体热舒适评价标准主要为基于以稳态热平衡方程建立的 PMV - PPD 的稳态热舒适模型（Toftum 的扩展 PMV 模型和姚润明的 αPMV 模型），以及 de Dear、Nicol 和 Humphreys 提出的自然调节环境下的自适应热舒适模型。

（1）PMV - PPD 的模型

在人体热平衡方程的基础上，结合稳态热环境的人体热舒适方程，进而建立了经典 PMV 模型。自 20 世纪末以来，开发的 PMV 模型已在全世界广泛使用，该模型囊括了影响人体热舒适的所有因素，并考虑了人体自身生理调节功能对环境参数的适应能力，因此尽管 PMV 模型是基于欧洲和北美的数据库，但世界各地的许多研究人员均已经在人工气候实验室中进行了实验，并证明了其有效性。该模型需满足以下条件：①人体必须处于蓄热量为 0 的热平衡状态；②人体皮肤平均温度应控制在小范围内波动；③人体有一定程度的排汗率。

近年来，随着该模型的不断应用，人们逐渐发现 PMV 模型还存在着一些局限性，它仅适用于稳态环境和空调房间内，因此预测热感觉 PMV 模型的适用范围需要重新评估。在非中性的热环境中，尤其是在非空调系统的环境中，室内温度超出中性区，热感觉投票（thermal sensation votes，TSV）与 PMV 会有所不同，这是因为人不仅仅具有对冷热环境应激生理反应，同时也会对环境形成生理适应，而且人对环境的这种瞬间生理适应性会极大地影响到热感觉值。为了进一步验证这种不同，通过对非空调环境中的曼谷、新加坡、雅典和布里斯班的数千组现场调查数据进行分析，研究者发现了 PMV 预测结果偏离了温度中性区与 TSV 出现明显的“剪刀差”（不同坡度的图形展示）现象，因此为了解决这种“剪刀差”，提出一种改进的 PMV 模型，通过引入一个自适应系数 α 来修正空调稳态条件下所计算出的 PMV 值，该因子显示了人们对所处热环境的心理预期，这种心理期望在不同采暖空调普及地区、不同人群都有所不同，该改进的模型进一步阐述了热环境对人体生理以及心理的刺激引起的适应性调节所产生的负反馈。

（2）适应性热舒适模型

PMV－PPD 模型是在实验室环境下进行研究，根据人体达到热平衡状态得到的，受 4 个环境因素和 2 个个体因素的影响，但是许多背景因素都可以影响受试者的热舒适感知，包括行为状态、个人偏好、人口统计学、空间布局、建筑特征、气候条件和可用的适应性机会等，这些因素会造成受试者实际热感觉的偏差问题。基于 ASHRAE RP－884 项目提出的适应性热舒适理论，很好地解释了这种差异产生的原因。适应性热舒适强调人体在对环境的被动接受过程中，产生了不舒适的状态，而人体往往会通过自身生理适应性调节来维持机体的内环境稳态，使其逐渐达到舒适和满意的状态。许多学者对影响热舒适性的客观环境参数（环境温度、环境湿度、风速和黑球温度）进行了动态评价比较，提出了在考虑人体和室内环境之间的热传递以及人体热舒适性问题时，应充分考虑室外气候变化，选择相应的个体适应性热舒适性评价模型，从而评价不同因素影响下的人体热舒适。

适应性热舒适模型是基于现场测量得出的适用于自由运行的环境，能够充分反映人体的行为习惯调节、心理及生理应激调节的人与环境作用的反馈过程。我国学者姚润明也进行了尝试，基于 PMV 模型的基础上，结合了适应性热舒适的特点进行了双效分析。根据现场调查，发现室内的舒适温度与室外的月平均温度之间有较好的拟合回归关系，引入自适应系数 α 来修正 PMV 模型，得到适应性预测平均热感觉模型（αPMV）。姚润明采用印度尼西亚 Karonu 夏季和英国 Reading 大学冬季的实验结果来验证模型，最终确认了模型的准确性；而王登甲等对我国青海乡域中小学教室内学生冬季的热舒适性进行了研究，发现可利用 αPMV 模型对中小学生平均热感觉进行准确预测，再一次印证了 αPMV 模型的准确性。该模型目前已被收录于我国《民用建筑室内热湿环境评价标准》（GB/T 50785—2012）。

综上所述，基于 PMV－PPD 的模型是在稳态热环境和低代谢条件下进行的实验，受热舒适基本评价因素影响，与适应性热舒适模型相比，基于 PMV－PPD 的模型能够更加合理地评估室内热环境，预期人体热感觉。但是两种热舒适评价方法是互补的而不是矛盾的，例如姚润明的 αPMV 模型，利用适应性热舒适的研究特点来改善稳态热舒适模型的适用性问题；换句话说，热平衡方程是第一次将热舒适与热感觉联系起来，并以有限的实验结果给出了可以量化的计算公式，因此可以通过现场调查研究的结果来完善对应的系数修正。

第二章　体育场地材料的热敏感度

目前在选择体育场地材料时考虑的因素主要有适用的体育项目、场地的弹性、硬度、摩擦系数等。但是，在众多的考虑因素中，设计者并没有考虑体育场地材料的热敏感度。体育场地材料的热敏感度会导致场地在不同的太阳辐射条件下，温升较大，热环境较差，体育场地表面温度过高还会出现场地铺装层寿命减少、影响运动人员的训练比赛等现象。因此，从专业的角度出发，我们应该考虑体育场地材料的热敏感度，分析材料的热敏感度与热环境的关系，从而选择适合某一类运动或者某一环境的体育场地材料。本章采用实验法、参考文献法、实地考察法进行研究，寻找适合某一类运动项目或者某一运动环境的体育场地材料，以期提高场地的使用寿命和使用效率，提高运动人员的运动成绩和运动能力。深入研究体育场地材料性质，可以看到我国在体育场地建设的飞速发展和进步，改革开放带来了我国场地材料的巨变，新型的体育场地材料的使用让参与体育运动的公众有了更多的幸福感和满足感，探索体育场地材料领域的发展变化，会更好满足体育运动的需求，是服务于全社会及健康中国的迫切任务。

本章通过了解体育场地材料，为开展体育场地材料的热敏感与运动热舒适的研究奠定基础。

第一节　体育场地材料的概念

体育场地材料是指用于体育竞赛、训练、教学和群众健身，并满足其使用要求的场地材料和相关面层材料。

体育场地材料有很多，可分为室外体育场地材料和室内体育场地材料。

室外体育场地材料主要有煤渣、聚氨酯、人造草、天然草、混凝土、丙烯酸等。

由于我国幅员辽阔，各地经济发展不平衡，因此欠发达地区还在大量使用灰土场地，而灰土场地又以采用煤渣建造的较多。塑胶跑道是一种用橡胶性质的合成材料弹性体铺设的用于田径比赛的场地，其主要材质为聚氨酯弹性体。经试用证明，在 -30 ~50℃、阴雨气候条件下，聚氨酯弹性体仍具有优秀的“弹性稳定性和防滑性”，可供比赛使用，能更好地发挥运动员的水平。目前，几乎所有的大型田径比赛都是在塑胶跑道上进行的。草坪主要供足球、棒球、垒球、板球、高尔夫球等球类项目和部分田赛项目使用。丙烯酸面层多用于网球场地，该材料及工艺的优点是平整度高、表面硬度高、耐磨、抗晒、色泽鲜艳、使用寿命长、便于管理和维修，是一种既可用于运动休闲也可用于正规比赛的高档次网球场地材料。

室内体育场地材料主要分为卷材塑胶、木地板、地毯、合成材料运动地板（如塑胶地板）。

在我国常见的室内体育场地材料主要有运动木地板、合成材料地板和冰等（通常见于体育场地施工工艺简介）。

第二节　现有体育场地材料的分析

目前我国使用的体育场地材料主要有聚氨酯、丙烯酸、沥青、混凝土、人造草、煤渣、天然草、实木地板等，各种体育场地材料各有特点，选择的时候主要是根据材料的优点和使用项目的特点。但是在众多的考虑因素中，体育场地材料的热敏感度似乎并没有加以考虑，从而导致体育场地材料在不同的热环境下使用寿命与理论分析差异较大。同时，体育场地材料的热敏感度使得场地表面温度在不同条件下变化较大，影响了运动人员在训练、比赛中的状态。

一、当前体育场地材料的常用类型

目前我国使用最广泛的体育场地材料为以下 6 种：聚氨酯、丙烯酸、沥青、混凝土、人造草、煤渣。它们的构成和特性主要有以下特点。

1. 聚氨酯

聚氨酯面层由聚氨酯预聚体、混合聚醚、废轮胎橡胶、EPDM 橡胶粒或 PU 颗粒、颜料、助剂、填料组成。塑胶跑道具有平整度好、抗压强度高、硬度弹性适当、物理性能稳定的特性，有利于运动员速度和技术的发挥，能有效提高运动成绩，降低摔伤率。塑胶跑道是由聚氨酯橡胶等材料组成的，具有一定的弹性和色彩。塑胶具有一定的抗紫外线能力和耐老化力，是目前国际上公认的最佳全天候室外体育场地坪材料。塑胶铺面性能特点包括：①弹性适中——塑胶铺面具备适当的弹性，能产生符合人体生理构造的反弹力，对使用者的关节、韧带有一定的保护功能；②防滑——塑胶铺面特制的覆盖层，为使用者提供接触稳定的安全感觉，即便在潮湿条件下和恶劣的天气中也能保证使用者脚下踏实，起步、加速跑动快速安全；③耐磨——塑胶铺面卓越的耐磨性能，能保证铺面结构长期稳定不变，即使在激烈、频繁的比赛中使用，也能长时间满足要求；④稳定——塑胶铺面具备优良的抗老化和耐盐雾、湿热、臭氧、紫外线等性能，能确保铺面内的物理机械性能及外观结构特征恒久不变，具备极长的寿命；⑤实用——塑胶铺面是一种全天候铺面，配套建有适当排水系统时，即便大雨后或清洗后也能立即用于游戏、训练和比赛，且其使用性能不变。

2. 丙烯酸

丙烯酸面层材料及工艺的优点是平整度高，表面硬度高，耐磨、抗晒，色泽鲜艳，使用寿命长，便于管理和维修。丙烯酸面层材质稳定，用它铺设的网球场近年来已开始在世界各地流行。尽管这种场地使球速变得稍快，但较之其他类型球场，球的弹跳平衡性更好，球员场上跑动更舒适，是一种既可用于运动休闲也可用于正规比赛的高档次网球场地。

3. 沥青

沥青场地主要由素土层、垫层、稳定层和沥青层构成。沥青应于晴天及施工地点气温在 10℃以上，且底层、基层干燥无积水现象时，方可铺设。沥青面层受热环境影响较大，热敏感度强。

4. 混凝土

混凝土面层主要由素土层、垫层、稳定层和混凝土层构成，多用于室外篮球场、羽毛球场、乒乓球场。现在新建场地使用混凝土面层越来越少，因为它的弹性很难满足运动要求。

5. 人造草

人造草是以类似草的纤维化合物经机械编织于聚丙烯基层上，可在多种运动中作为场地的地面材料（图 2－1）。人造草的构成分为草垫、编织草底、底胶 3 个部分，先将仿草叶状的合成纤维植入机织的基布，再将基布背面涂上起固定作用的涂层，可在运动场、庭园地坪和绿化地面上做人造草坪。人造草坪有外观鲜艳、四季绿色、生动、排水性能好、使用寿命长、维护费用低等优点。人造草用于运动场地时对基础的质量要求主要集中在 3 个方面：硬度、平整度和排水坡度。常用的人造草的基础有 3 类：沥青基础、水泥基础、碎石基础。采用哪种基础类型主要是由当地气候环境、预算及使用时间所决定。沥青基础特别适合北方温差大且冬季气温低的气候环境，同时也因为其造价昂贵，对于温暖潮湿的环境来说并不是最合适的基础类型。碎石基础因为其施工简便，造价低廉，排水迅速，在南方比较常见，但因为其刚性及稳定性差，长时间使用后容易出现基础松动，从而导致基础不平整。因此，在国内大部分区域，水泥基础成了经济实用、性价比非常高的人造草基础类型。

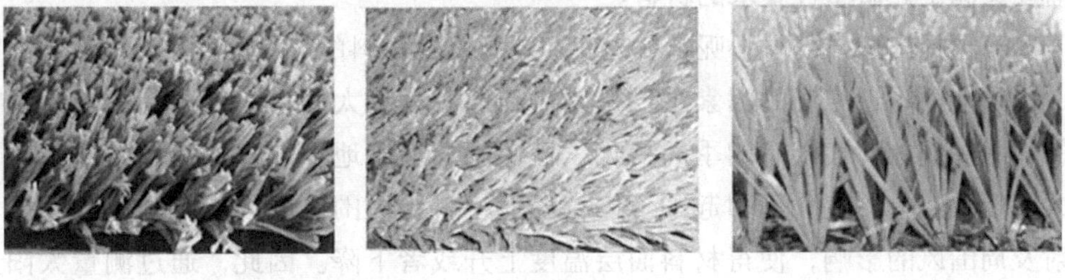

图 2－1　常见的几种人造草

在热敏感方面，与人造草相比，天然草具有温度较为稳定的优势，在气温达到 35℃的夏天，天然草坪的温度一般在 26～29℃。由于天然草皮具有明显的优势，所以在本书后续的实验中不考虑天然草坪。

6. 煤渣

煤渣跑道一般分为 3 层：最下面为基础层，材料体积大，要求牢固、吸水性好、渗水性强；中层为弹性层，材料弹性要好；最上层为面层，材料软硬度要适宜，体积小。为了使跑道具有良好的渗水性能和适宜的硬度与承载力，其基础必须坚实，经久耐用。煤渣跑道面层的结构与材料是保证跑道具有良好性能的关键。根据科学实验，煤渣跑道面层主要采用煤渣和黄土混合材料铺筑，厚度一般为80~100mm。由于各地黄土的成分不同，选用黄土的塑性指数在9~15之间为宜。在实际施工时，还要根据黄土塑性指数的高低对混合材料中煤渣与黄土的比例加以调整。

这些面层都是室外体育场地的面层材料，因为室内场地受气温和太阳辐射的影响较小，所以在使用中没有室外体育场地面层温度变化大。本书通过实验分析这6种典型材料在高温、强太阳辐射的天气下使用的特性，并结合使用条件给出材料表面高温对场地热环境的影响。

二、影响因素

体育场地面层的选择不仅要考虑适用的运动项目和面层材料的弹性、硬度等因素，而且还要考虑面层材料的热敏感度。热敏感度既会影响体育场地材料的弹性、硬度、寿命，也会影响运动人员的成绩。因此，我们应该选择既满足运动项目需要又满足热敏感性要求的材料。

如何选择出这样的材料呢？首先我们要对常见材料的热敏感性进行分析。

影响地面附近气温的因素主要是入射到地面上的太阳辐射能量，它起着决定性的作用。例如，气温有四季的变化、日变化及随着地理纬度的变化，这都是由于太阳辐射热量的变化而引起的。体育场地材料受周围温度的影响，受到太阳的辐射及周围风的影响，使得材料面层温度上升或者下降。因此，通过测量太阳光及周围温度对体育场地材料的热敏感度和热环境影响是有意义的，也是研究体育场地材料热敏感与热环境必须考虑的。

太阳辐射对建筑的热过程与对体育场地影响有类似之处，作用之一是对建筑围护结构外表面的辐射作用。建筑围护结构外表面除了与室外空气发生对流换热外，还会受到太阳辐射的作用，其中包括太阳直射辐射、天空散射辐射、地面反射辐射以及大气长波辐射和地面长波辐射。室外气温、太阳辐射对建筑围护结构外表面产生综合热作用。综合热作用可以用室外综合空气温度来进行计算，即：考虑太阳辐射对表面换热量的增强作用，相当于在室外气温上增加了一个太阳辐射的等效温度值。这是为了计算方便推出的一个当量的室外温度，为了减少太阳辐射对建筑的影响，建筑外表面大量采用绝热材料来稳定外界辐射干扰。

而体育场地材料温度升高的过程主要受太阳辐射和大气温度两个因素的影响，温度升高的途径主要是对流换热、热传递、大气逆辐射。所以场地环境研究主要从太阳照度和空气温度两方面研究体育场地材料热敏感性和热环境的关系。

第三节　太阳辐射对体育场地材料的影响

一个地区的气候与材料的外部环境是在许多要素综合作用下形成的。与体育场地密切相关的外部环境要素有太阳辐射、气温、湿度、风、降水、天空辐射、土壤温度等。而这些外部环境要素的形成又主要取决于太阳对地球的辐射，同时又受人类城乡建设和生活、生产的影响。太阳辐射不仅对地球的宏观气候以及微观气候有决定性的影响，而且对建筑物的热环境和光环境有着十分重要的作用。

太阳，其表面温度约为 6 000K 左右，内部温度则高达 2×10^{7}K。太阳表面不断以电磁波辐射的形式向宇宙空间发射出巨大的能量，其辐射波长范围为从波长为 0.1μm 的 X 射线到波长达 100m 的无线电波。地球接受的太阳辐射能约为 1.7×10^{14}kW，仅占其辐射总能量的二十亿分之一左右。影响地面附近气温的因素主要有：第一，入射到地面上的太阳辐射能量，它起着决定性的作用。例如，气温有四季的变化、日变化以及随着地理纬度的变化，都是由于太阳辐射热量的变化而引起的。第二，地面的覆盖面（例如草原、森林、沙漠和河流等）和地形对气温的影响。不同的地表覆盖面和地形对太阳辐射的吸收和反射的性质均不同，所以地面的增温也不同。第三，大气的对流作用以最强的方式影响气温。无论是水平方向或垂直方向的空气流动，都会使两地的空气进行混合，减少两地的气温差异。

气温有年变化和日变化。一般在晴朗天气下，气温一昼夜的变化是有规律的，图 2-2 是将一天 24 小时所测得的温度值，经谐量分析后所得出的曲线。从图 2-2 中可以看出，气温日变化中有一个最高值和一个最低值。最高值通常出现在 14 时左右，而不是正午太阳高度角最大的时刻；最低气温一般出现在日出前后，而不是在午夜。

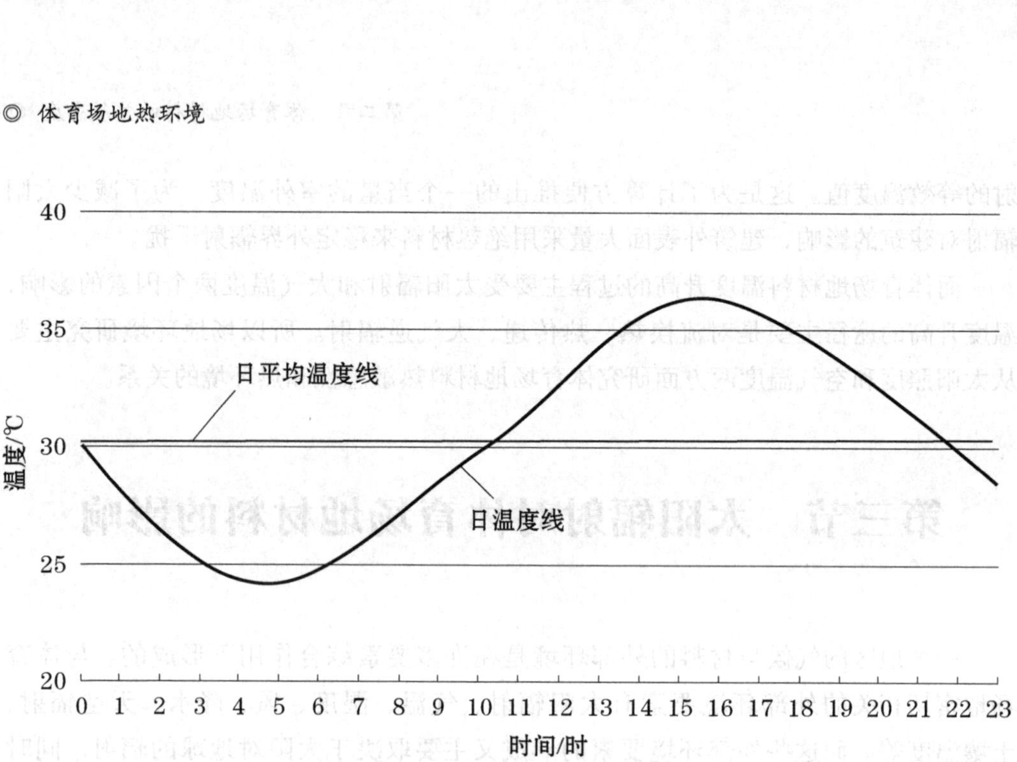

图2-2 室外空气温度变化

注：根据室外空气温度变化图，选择的室外测量时间分别为8:00—12:00、16:00—20:00。

对于体育场地的热环境而言，太阳辐射是一项十分重要的外扰，是场地热过程的重要影响因素，其中太阳辐射、气温变化对体育场地材料表面升温起到关键的作用。

一、太阳辐射的透过、吸收和反射

辐射热量（Q）投射到物体表面上，其中一部分被物体表面反射（Q_1），一部分进入物体后被物体吸收（Q_2），其余部分则透过物体（Q_3），根据能量守恒定律：

$$Q = Q_1 + Q_2 + Q_3 \tag{1}$$

式中，反射率——Q_1/Q；

吸收率——Q_2/Q；

透过率——Q_3/Q。

二、体育场地材料特性对透过、吸收和反射的影响

太阳的光谱主要由 0.2～0.3μm 的波长区域所组成。太阳光谱的峰值位于 0.5μm 附近。到达地面的太阳辐射能量在紫外线区（0.2～0.4μm）所占比例很小，约为 1%；在可见光区（0.4～0.76μm）和近红外区占主要部分，两者之和约为 50%。红外线区中短波红外线（波长 3μm 以下）的能量又占了大部分。而一般高温工业热源的辐射均为长波辐射，波长为 5μm 以上。

当太阳辐射到非透明的围护结构外表面时，一部分会被反射，另一部分会被吸收，二者的比例取决于体育场地材料的吸收率（或反射率）。但不同的表面对辐射的波长有选择性，黑色表面对各种波长辐射几乎都是全部吸收，而白色表面对不同波长的辐射反射率不同，可以反射几乎 90% 的可见光。因此，白色的外围结构表面或在玻璃窗上挂白色窗帘，可以有效地减少进入室内的太阳辐射热。围护结构的表面越粗糙、颜色越深，吸收率就越高，反射率就越低。

许多透明体对不同波长的辐射有选择性，例如玻璃对于可见光和波长为 3μm 以下短波红外线有辐射。因此，当太阳直射在普通玻璃窗上时，绝大部分的可见光和短波红外线会透过玻璃，只有长波红外线（也称作长波辐射）不会透过玻璃，但这部分能量在太阳辐射中所占的比例很少。

在夏天，太阳辐射下，场地表面温度变化易被人忽略。为此，我们做了一些研究来分析和验证体育场地材料热表面温度的变化，并揭示这些变化有可能会对场地热环境产生影响。例如，天然草和人造草是体育场地的常见材料，标准田径场和小足球场通常选用这两类材料铺装。但在测量时发现，夏季人造草坪表面温度甚至达到 70℃ 以上，而此时天然草坪表面温度只有 27℃，形成了明显差异，太阳辐射的透过、吸收和反射在这一过程中起到了关键作用，而在太阳辐射条件下，体育场地常规使用材料的升温具有典型性。

太阳辐射对体育场地材料表面的升温作用，带来了场地平均辐射温度的升高，不同平均辐射温度对运动员热感觉会产生很大的影响，这一点值得深入研究。

三、太阳辐射下室外体育场地空气综合温度

太阳辐射对体育场地的影响是多方面的，有的是直接起作用的，有的是间接起作用的。

在有遮阳设施的体育场地，体育场地材料受到太阳辐射的影响不大，升温幅度有限；而在无遮阳设施的体育场地，体育场地材料受到太阳辐射后升温就较为明显。在空气温度相同的条件下，人们在这两种场地上运动的热感觉差异就很大。这种差异是因为，在无遮阳设施的体育场地，运动人群直接受到太阳辐射，体育场地材料也受到太阳辐射而升温，使得体育场地环境总的平均辐射温度升高。另外，无遮阳设施的体育场地材料表面升温后，通过对流、导热等方式，也会引起体育场地空气温度升高、运动员鞋底脚部温度升高等一系列的热传递过程。为了简化定义这种差异，我们利用建筑物理中的空气综合温度来量化这一差异。

太阳辐射对建筑热过程作用之一是对建筑围护结构外表面的辐射作用。建筑围护结构外表面除了与室外空气发生对流换热外，还会受到太阳辐射作用，其中包括太阳直射辐射、散射辐射、地面反射辐射以及大气长波辐射和来自地面的长波辐射。室外空气温度、太阳辐射、地面反射辐射、大气长波辐射对建筑围护结构外表面产生综合热作用。综合热作用可以用室外综合空气温度来进行计算，即：考虑太阳辐射对表面换热量的增强作用，相当于在室外气温上增加了一个太阳辐射的等效温度值。这是为了计算方便推出的一个当量的室外温度。

$$t_z = t_{air} + \alpha I/\alpha_{out} - Q_L/\alpha_{out} \tag{2}$$

式中，t_{air}——室外空气温度，单位为℃；

α——围护结构外表面对太阳辐射的吸收率；

I——太阳辐射强度，单位为 W/m^2；

α_{out}——围护结构外表面的对流换热系数，单位为 $W/(m^2 \cdot ℃)$；

Q_L——围护结构外表面与环境的长波辐射换热量，单位为 W/m^2。

因此，通过对室外体育场地空气综合温度的研究，提出在今后建造室外体育场地时，要注重体育场地材料在太阳作用下升温造成热环境过高，给运动员带来的不利影响。

通过对太阳辐射对体育场地材料影响的环境测试，可以分析和印证这种影响的存在和影响的大小。通过室外体育场地空气综合温度可以发现太阳辐射下不同体育场地材料铺装后的体育场地热环境变化特征。

第四节　体育场地材料的热敏感度

一、热敏感度的定义

热敏感度是指物体对周围温度变化的敏感程度。热敏感度通常用比热容表示。比热容（specific heat capacity），是指单位质量物质的热容量，即使单位质量物质改变单位温度时吸收或释放的内能。比热容是表示物质热性质的物理量，通常用符号 c 表示。体育场地材料往往由很多材料共同组成，因此它们的热敏感度很难通过数据查询得出，但我们可通过实验测试体育场地材料的温度变化，分析得出它们的热敏感度。

二、热敏感参数

根据组成某体育场地材料的主要原料，我们可以确定它的热敏感度范围。我们在这里只讨论 6 种体育场地材料：聚氨酯、丙烯酸、沥青、混凝土、人造草和煤渣。这些体育场地材料的热敏感度范围均可通过其主要原料来估计。查阅相关资料，以上 6 种体育场地材料的比热容估计值如表 2－1 所示。

表 2－1　体育场地主要材料比热容对照表

材料	比热容/［kJ/（kg·℃）］	备注
聚氨酯	1.047	
丙烯酸	1.970	

续表

材料	比热容/［kJ/（kg·℃）］	备注
沥青	1.340	液态
	1.670	固态
混凝土	0.800～1.200	
人造草	0.750	
煤渣	1.090～1.550	

第五节　体育场地材料热敏感度与热环境实验

一、实验方法

采用实验室方法和实地考察方法，以聚氨酯、丙烯酸、沥青、混凝土、人造草和煤渣等材料为实验对象，进行体育场地材料的热敏感度与热环境测试。

1. 实验对象

聚氨酯、丙烯酸、沥青、混凝土、人造草、煤渣。

2. 实验仪器

激光红外测温仪、照度计、太阳辐射强度测量仪、水银温度计、计时器。

3. 实验设计

自变量为场地材料面层及环境温度和太阳照度，因变量为6种面层的温度变化，分为材料温度的上升变化值和材料温度的下降变化值。无关变量主要采用平衡法和恒定法加以控制，所有干预在同等情况下进行，采用相同的实验仪器和实验用时，并要求实验次数、实验环境（如风速、湿度等条件）等基本一致。

实验包括两个部分，一部分为实地测试法，另一部分为实验室测试法。

（1）实地测试法

升温测试：5 月 2 日，天气晴朗，室外最高气温为 34℃，实验时间为 10：00 ~ 12：00。对学校各种材料的体育场地的地面温度进行测量，每隔 15min 测 1 次，每种材料测量 9 个数据，并且记录整个过程中的太阳照度和空气温度。

降温测试：5 月 2 日，天气晴朗，室外最高气温为 34℃，实验时间为 16：00 ~ 18：00。对学校各种材料的体育场地的地面温度进行测量，每隔 15min 测 1 次，每种材料测量 9 个数据，并且记录整个过程中的太阳照度和空气温度。

（2）实验室测试法

5 月 3 日，天气晴朗，室外最高气温为 36℃，实验室温度为 18℃，实验时间为16：00 ~ 18：00。首先将 6 种材料制成模板放在室温下。实验开始后，将 6 种材料模板在阳光下照射 18min，每隔 2min 测 1 次，记录测量温度，共测量 10 组数据。然后将 6 种材料模板放在室温下（此时无光线照射），测量每块材料模板温度衰减的情况，每隔 1min 测 1 次，记录测量温度，共测量 10 组数据。

为了使得实验数据变化明显，实地测试于日平均温度在 30℃ 以上的时间进行，实验室测试时间合适即可。实地测试：5 月 2 日天气晴朗，室外最高气温为 34℃，8：00 ~ 12：00 测量学校体育场地各面层随温度增加的情况，在 16：00 ~ 20：00 测量学校体育场地各面层随温度下降的情况。绘制出各个面层的热敏感曲线，分析各种材料的热敏感度。实验室测试：在相等环境温度条件下用阳光照射 6 种材料模板，照射时间 18min，每隔 2min 测 1 次面层材料的温度，根据测得的数据绘制面层材料的热敏感度。在实验室室温下使达到相近温度的 5 种面层材料降温，每隔 1min 测 1 次温度，绘制出面层材料的降温情况曲线。

二、实验参数统计分析

1. 实地测试

5 月 2 日，天气晴朗，室外最高气温为 34℃。10：00 ~ 12：00 的 6 种材料温度变化见表 2 – 2 所示，随温度升高材料自身的温度变化曲线如图 2 – 3 所示。

表2-2 实地测量升温数据（10：00～12：00）

单位：℃

材料	时间								
	10：00	10：15	10：30	10：45	11：00	11：15	11：30	11：45	12：00
聚氨酯	38.90	41.38	42.64	43.66	44.99	46.30	47.98	49.01	49.89
丙烯酸	24.68	27.30	28.18	29.11	30.09	31.23	32.56	33.87	34.55
沥青	30.64	31.82	32.64	34.78	36.89	39.56	41.69	43.37	45.00
混凝土	22.40	27.26	29.98	31.32	34.60	37.22	39.79	41.76	45.31
人造草	41.12	42.16	44.05	45.86	46.66	47.99	49.87	51.34	52.27
煤渣	24.53	27.46	30.16	32.84	34.85	37.99	39.95	41.25	42.61

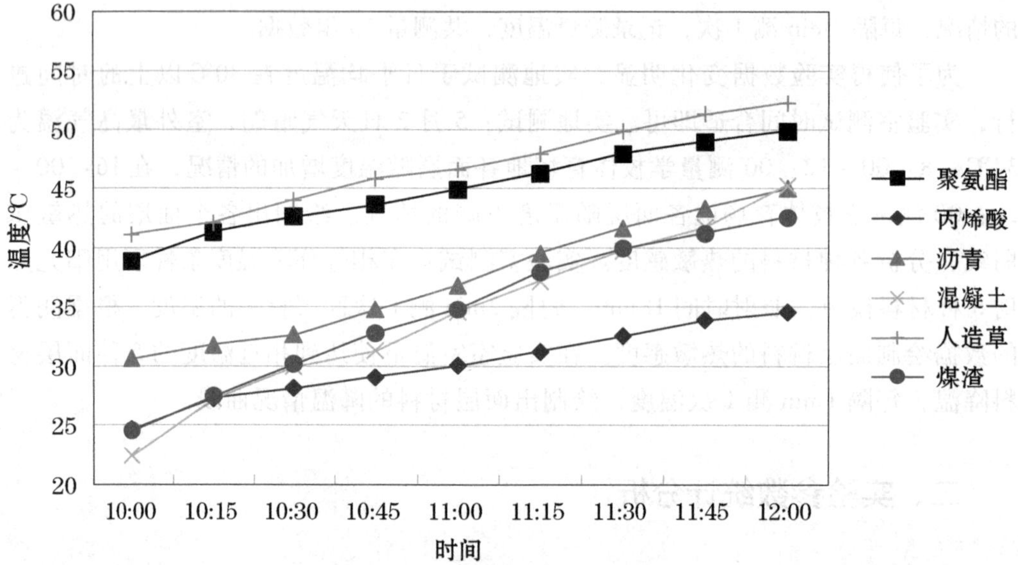

图2-3 实地测量升温曲线（10：00～12：00）

5月2日，天气晴朗，室外最高气温为34℃。16：00～18：00的6种材料温度变化见表2-3所示，随温度降低材料自身的温度变化曲线如图2-4所示。

表 2-3　实地测量降温数据（16：00 ~18：00）

单位:℃

材料	时间								
	16：00	16：15	16：30	16：45	17：00	17：15	17：30	17：45	18：00
聚氨酯	50.31	49.55	48.46	48.06	47.49	45.34	43.98	42.01	40.19
丙烯酸	37.25	36.76	36.08	35.11	33.89	33.73	32.76	31.37	29.55
沥青	45.60	44.82	43.64	41.28	38.12	35.96	34.49	33.37	31.99
混凝土	46.47	45.61	43.83	41.72	39.26	37.22	34.60	32.83	29.58
人造草	54.80	53.11	51.97	49.86	47.66	44.99	41.87	40.34	39.27
煤渣	43.61	42.95	42.03	40.23	38.61	36.28	35.05	33.37	31.21

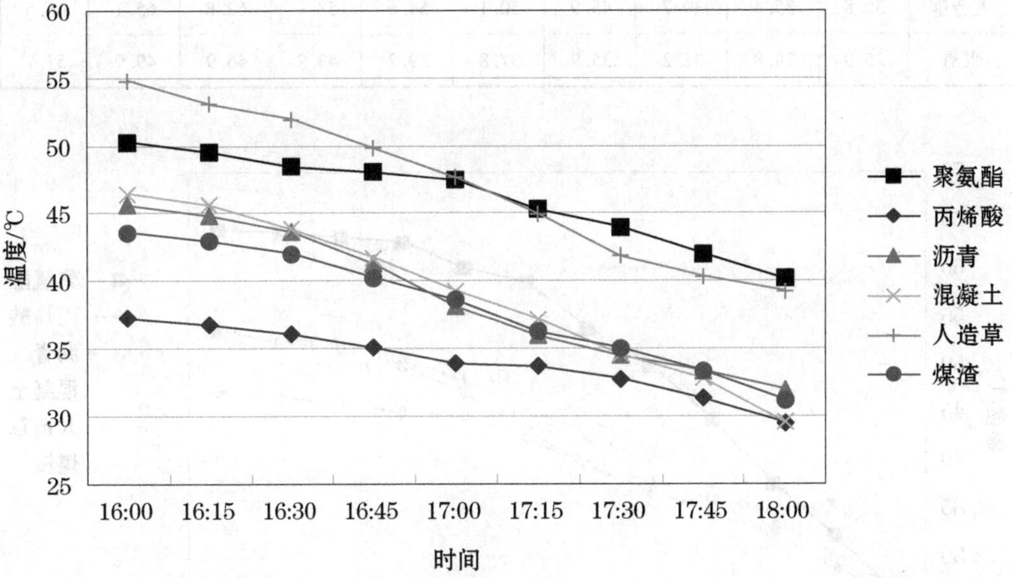

图 2-4　实地测量降温曲线（16：00 ~18：00）

2. 实验室测试

5 月 3 日，室内温度 18℃，室外最高气温为 36℃。在 14：00 ~16：00 的阳光照度（32 000lx）下对 6 种材料进行升温测量，温度变化见表 2-4 所示，随温度升高材料自身的温度变化曲线如图 2－5 所示。

表 2－4　实验室测量升温数据　(照度 32 000lx)

单位:℃

材料	计时/min									
	0	2	4	6	8	10	12	14	16	18
聚氨酯	26.3	32.2	37.6	44.3	49.9	53.8	58.6	60.1	62.8	63.3
丙烯酸	27.2	29.1	32.2	34.5	36.8	39.3	42.4	44.7	45.1	45.9
沥青	28.3	30.1	33.6	37.9	39.8	42.6	45.5	48.2	50.8	52.0
混凝土	24.7	29.8	34.1	37.8	40.9	44.2	46.8	49.7	52.4	54.8
人造草	30.8	35.4	39.7	45.9	50.1	54.6	58.1	62.8	65.1	66.5
煤渣	25.9	28.8	32.2	35.9	37.8	39.2	43.2	46.9	49.9	51.7

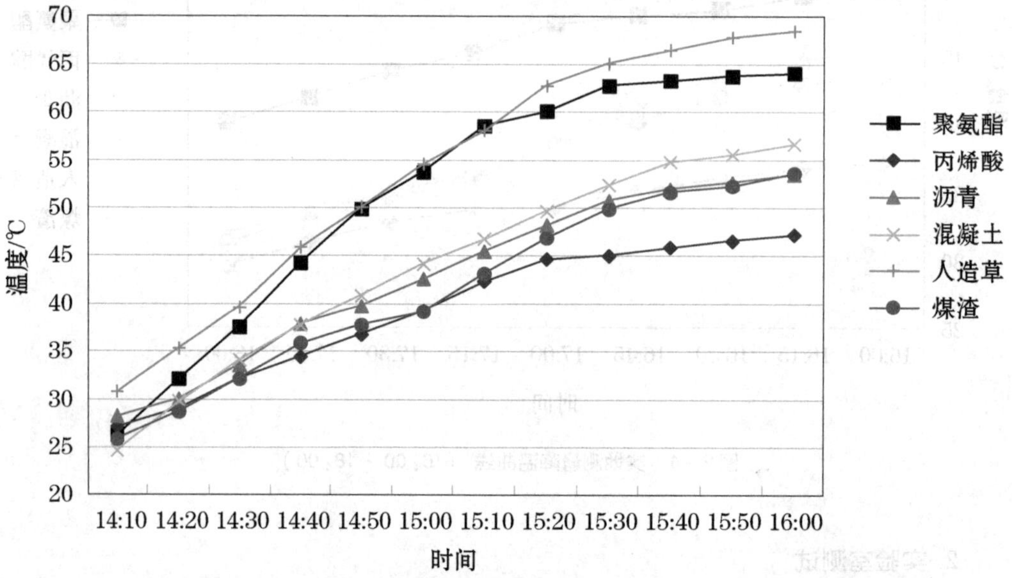

图 2－5　实地测量升温曲线　(照度 32 000lx)

5 月 3 日，实验室温度为 18℃，室外最高气温为 36℃。在 14：00～16：00 的阳光照度（32 000lx）下对 6 种材料进行降温测量，温度变化见表 2－5 所示，随温度降低材料自身的温度变化曲线如图 2－6 所示。

表 2－5　实验室测量降温数据（照度 32 000lx）

单位：℃

材料	计时/min									
	0	1	2	3	4	5	6	7	8	9
聚氨酯	30.3	29.8	29.4	28.9	28.2	28.1	27.6	26.9	26.0	25.3
丙烯酸	29.7	29.3	29.1	28.9	28.2	27.7	27.4	27.2	26.8	26.1
沥青	30.0	29.2	28.4	27.6	26.1	25.2	24.8	24.1	23.6	23.2
混凝土	31.1	29.5	28.2	26.9	25.3	24.6	23.3	22.7	22.1	21.8
人造草	29.4	27.6	26.3	25.6	24.8	24.1	23.2	22.7	22.2	21.4
煤渣	29.8	29.1	27.7	26.3	25.5	24.1	23.6	23.0	22.6	22.3

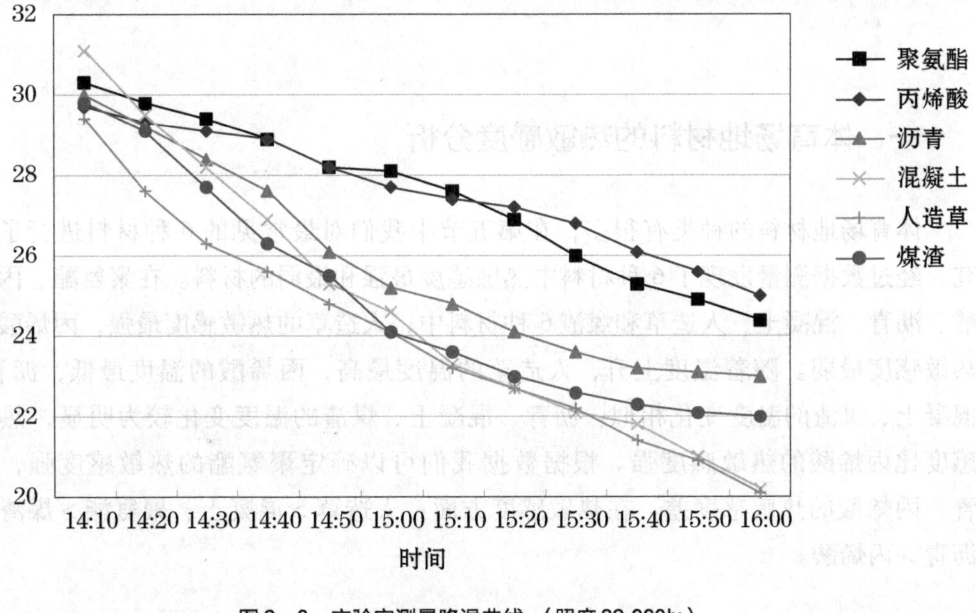

图 2－6　实验室测量降温曲线（照度 32 000lx）

下面对实地测量的两个结果进行说明。根据曲线走势我们可以知道：随着温度上升，人造草面层的温度最高，温度最低的是丙烯酸面层，沥青面层、混凝土面层、煤渣面层的温度变化相似。沥青面层、混凝土面层、煤渣面层温度变化较为明显，说明热敏感度较强，丙烯酸面层的热敏感度最弱。当环境温度逐渐降低时，材料的耐低温情况有相似的结果，丙烯酸面层在低温情况下最为稳定，人造草面层温度降低最快。

对实验室测试的数据进行分析，得出的结论与实地测试的结果大致相同。可能由于实验误差的存在，某些材料的热敏感度出现轻微变动实属正常。

综上所述，丙烯酸面层的热敏感度最小，人造草面层的热敏感度最大。因此在选择体育场地面层材料时，如果是在温度变化较大的城市，不宜选择人造草；如果是在温度变化不大的城市，可以根据实际情况灵活地选择一种或多种材料。

第六节　不同材料对场地热的特性影响

一、体育场地材料的热敏感度分析

体育场地材料的种类有很多，在第五节中我们对最常见的 6 种材料进行了研究。经过数据测量发现了 6 种材料中热敏感度最强和最弱的材料。在聚氨酯、丙烯酸、沥青、混凝土、人造草和煤渣 6 种材料中，人造草的热敏感度最强，丙烯酸的热敏感度最弱。随着温度上升，人造草的温度最高，丙烯酸的温度最低，沥青、混凝土、煤渣的温度变化相似。沥青、混凝土、煤渣的温度变化较为明显，热敏感度比丙烯酸的热敏感度强。根据数据我们可以确定聚氨酯的热敏感度强，沥青、丙烯酸的热敏感度差。在热敏感度方面：人造草 > 混凝土、聚氨酯 > 煤渣 > 沥青 > 丙烯酸。

二、体育场地热敏感度的特点

根据实验结果和实验数据，我们模拟了3组田径场地在一定日光照射下最后的温度变化。

假设在某地区的大气环境下，日最高气温为35℃，照度为120 000lx的夏季，对几组田径场地进行模拟，模拟时间为10：00～12：00。然后将几组田径场地温度的变化进行对比，直接明显地表示各种材料之间的热敏感性。

1. 人造草塑胶组

该田径场地的材料构成由内至外分别为人造草、聚氨酯、混凝土。

用灯光模拟太阳光照射场地，照度为120 000lx，经过2小时的灯光照射，结合实验数据和实验结果，发现模拟场地最后的温度发生变化。气温为35℃，在120 000lx的光照下，人造草坪的温度可以达到53℃，聚氨酯跑道的温度为50℃左右，四周的混凝土地面的温度为47℃左右。

2. 天然草塑胶组

该田径场地的材料构成由内至外分别为天然草、聚氨酯、混凝土（图2－7）。

图2－7　田径场

根据测量可以发现，天然草温度在28℃左右，由于天然草的影响，这个塑胶跑道的温度比人造草田径场的温度略低，为52℃，周围混凝土地面的温度为43℃。由此可以发现，天然草有降低周边温度的效果，可以利用它来改善体育场地的热环境，也可以在场地周围种植花草树木以降低场地材料的温度。

3. 土地煤渣组

该田径场地的材料构成由内至外分别为土地、煤渣。煤渣跑道结构参见本书第15页。

体育场地针对不同的铺装材料，应该充分考虑材料的热敏感度。在西北地区，太阳辐射强度较高，大片体育场地连片铺装，在太阳照射下，会使铺装材料表面温度升得较高，在体育场地形成高温区环境，不利于体育运动和运动人群健康。不同材料对场地热特性问题应引起人们充分重视。

第三章 室外体育场地测试与热环境分析

随着社会的快速发展，如今我国的体育产业也随之进入了一个快速发展的阶段，但是相关问题也接踵而至。体育场地与外部环境的适应性，体育场地建设的科学性，体育场地的环境问题，是体育界关注的重要问题，也是现阶段迫切需要解决的问题。社会发展、体育发展与体育场地建设之间的关系都值得我们对场地生态降温问题进行较为深入的研究。“发展体育运动，增强人民体质”一直是新中国体育事业发展的宗旨，室外运动场地是学校青少年体育和社会体育的重要物质基础，室外场地环境对人们的运动意愿和运动效果有着重要影响，近年来，各级政府加大了对体育领域的投入，而且更加注重运动人群对体育运动环境的感受，这些都是健康中国给中国体育带来的新变化。

第一节 室外体育场地热环境调研

一、场地热环境问题

影响室外场地热环境的因素主要有空气温度、太阳辐射和环境平均辐射温度等。室外气温一般是指距地面1.5m高、背阴处的空气温度。大气中的气体分子在吸收和释放辐射能时具有选择性。它对太阳辐射几乎是透明体，直接接受太阳辐射的增温是非常微弱的，只能吸收地面的长波辐射（波长范围在3～120μm）。因此，地面与空气的热量交换是气温升降的直接原因。与地表直接接触的空气层，由于与地面的对流交换作用而被加热，此热量又靠对流作用而转移到上层空气。因此，气流或者风带着空气团不断地与地表接触而被加热或冷却。在冬季和夜间，有效天空温度低，由于地面向外太空的长波辐射作用，地表温度较空气温度要低，这样与地表所接触的空气就会被冷却。太阳辐射是影响体育场地热环境的决定性因素，太阳光照射使地表的温度上升，地面再与空气进行热量交换，从而使周围空气的温度上升。

热环境是指由太阳辐射、气温、周围物体表面温度、相对湿度与气流速度等物理因素组成的作用于人，影响人的冷热感和健康的环境。体育场地材料受周围温度、风、太阳辐射的影响，面层温度会上升或者下降。温度上升的途径有对流换热、波长辐射、热传导。

热环境对人体的循环功能、体温调节功能和代谢能够产生深刻的影响。在热环境中运动时，由于产热增加而散热能力又受到限制，人体更容易升温。体温过高不仅会影响运动能力，严重时可发生热疾病，甚至危及生命。环境温度对运动人员的影响也是十分大的。因此，受环境温度影响很大的面层材料也是设计人员需要考虑的。

二、社会背景

体育场地是体育运动的物质基础，体育场地环境的好坏会直接影响体育运动的发展状况和运动员运动水平的发挥。体育场地运动人群相对集中，场地热环境问题普遍存在，引发了许多人对体育场地环境参数的关注。

近年来，随着全民健身计划的开展，各社区、各学校都在积极增加体育设施。然而，由于各社区或各学校对运动的资金投入的不同，使得其体育设施在施工工艺、建造材料、设备维护和建筑环境等的选择不同，各种各样的体育设施也层出不穷。同时，在学校建设中，体育场地环境的选择和设备的完善是至关重要的一个步骤。这也决定着学校全民健身运动的开展情况和学校竞技运动的竞技水平。

国家在体育设施方面的投入远远不能满足运动人群的使用需求，使得公共的体育场地出现了大量的室外场地和室内硬化场地。尤其是近年来很多学校为了达到评估所要求的体育场地标准，急于求成地建设了一部分硬化场地。这些场地对施工材料的使用没有严格要求，对施工的投入的要求也不高，对施工工艺步骤要求也不严密，从而导致了公共硬化训练场地环境进一步恶化。

室外场地的建造，一方面要考虑运动人口的数量和人们锻炼的热情，另一方面也不得不考虑建筑周围环境以及热环境对人体的影响。其中，与人体相关的热环境，尤其是室外硬化体育场地的热环境，对人体的影响更大。

本章以学校室外硬化场地为例，调查研究在5月份温度较高的情况下进行，对不同的场地和不同的参数进行测量，对得到的数据进行整理分析，揭示了硬化场地的热环境特性，反映了热环境对人体的影响，从而寻找更好地解决热环境对室外硬化场地影响的途径。此调查分析有着重要的意义，它不仅能够反映出学校硬化场地的现状，也有助于了解学校硬化体育场地的热环境，还涉及热环境对人体的影响，不适的热环境能给人带来什么样的危害及长期不良影响。同时，学校硬化场地的热环境分析有助于了解人体运动时对热环境的热适应和热耐性，从而指导学生运用正确的锻炼方法并取得良好锻炼效果，进而让人们对学校硬化场地有一个新的认识，让人们更关注学校硬化场地的建设。

第二节　硬化场地的划分与材料

一、硬化场地的划分

某校室外硬化场地主要包括室外篮球场、排球场、羽毛球场和小足球场等，如图3－1所示。篮球场地共有14块，其中有2块为混凝土场地，12块为沥青场地。排球场地共有9块，全是混凝土场地。羽毛球场地和小足球场地分别有8块和2块，全是混凝土场地。近年来，学校篮球场、排球场和其他项目的混凝土场地不断增多。与木质地板和三合土场地相比较，混凝土场地具有投资少、建造快、易保养、使用时间长等优点，具有较高的实用价值，是适合我国国情的一种体育设施。还有一些学校有一些其他非金属材料场地，主要材料有天然的黏土、沙砾、石材和人造的砖、瓦、陶瓷、琉璃等烧土制品，水泥、石灰等混凝材料，各种玻璃及其制品，以及无机材料、石棉、矿棉、纤维制品等。

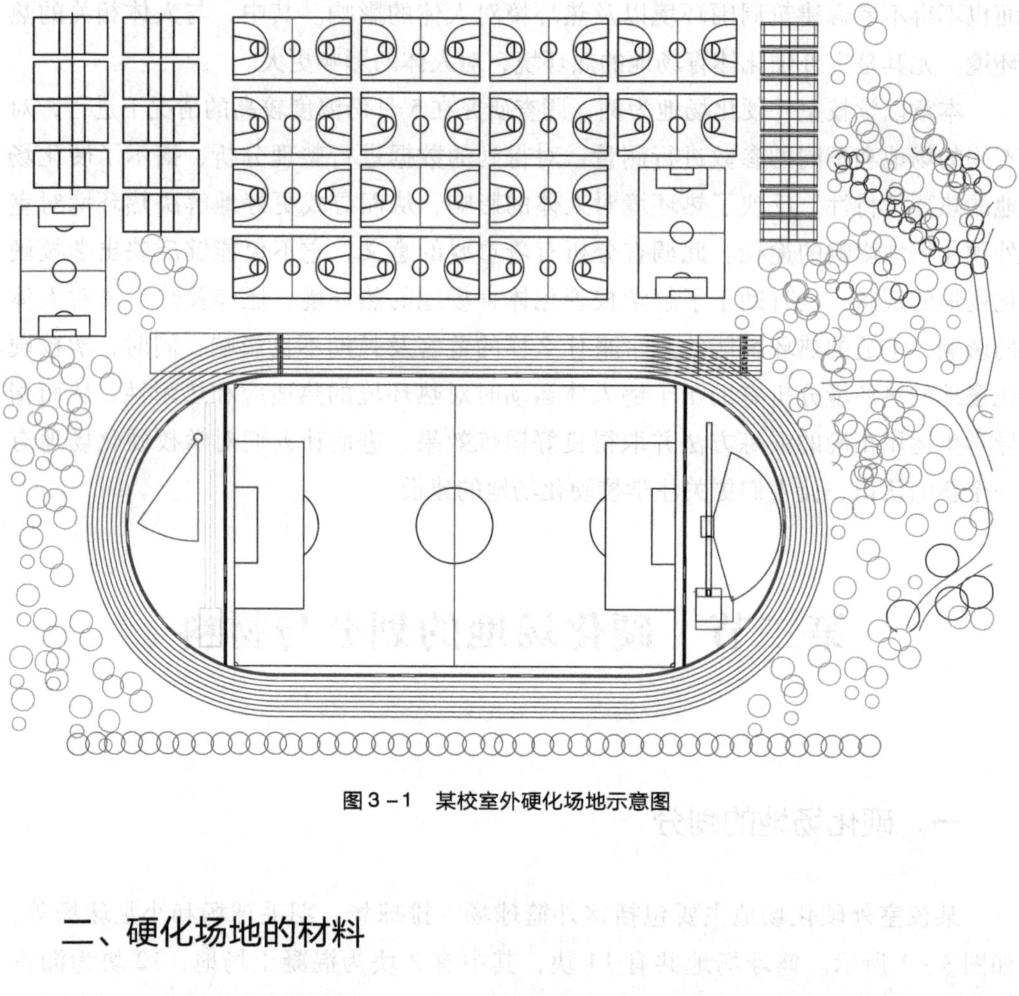

图3－1　某校室外硬化场地示意图

二、硬化场地的材料

学校体育场地中硬化场地的主要应用材料有石材、建筑石膏、石灰、水泥、混凝土、建筑砂浆、烧结普通砖和沥青及其制品等。

硬化场地的材料质地均比较坚硬。建筑石膏的特性是凝结硬化快、孔隙率大、密度小、保温性好、吸声性好、强度较低，具有一定的调温与调湿性能，防火性好，但耐火性较差，耐水性、抗渗性、抗冻性差。石灰的保水性与可塑性好，但凝结硬化慢、强度较低、耐水性差、干燥收缩大。水泥中硅酸盐水泥是一种比较常用的水泥，它的早期及后期强度高、抗冻性好、干缩小、耐磨性好，但耐腐蚀性和耐热性差、水化热高。混凝土的性能主要取决于水泥强度和水灰比。建筑砂浆的主要性能就是砂浆的和易性。砂浆的和易性，是指砂浆是否容易在砖石等表面铺成均匀、连续的薄层，且与基层紧密黏结的性质。沥青及其制品的主要性质有黏性强、塑性高、温度敏感性能高、大气稳定性能低。

以上这些材料决定了硬化场地的热传递方式的多样性及热传递中热量传递的大量性。运动硬化场地的使用使人体在运动中容易产生运动损伤，对人体的保护系数相对较低。所以，一般情况下人们会尽量选择在塑胶场地运动（在经济条件允许的情况下）。同样，硬化场地的热环境对运动人体的影响也是毋庸置疑的。

第三节　硬化场地的热环境分析

一、硬化场地的热环境

把体育场地当作一个热力系统，在外扰和内扰的综合作用下，其中发生的热量传递包括：通过外围护结构与外界环境发生的传递；通过玻璃窗的太阳辐射及表面间的相互辐射（主要针对室内场地）；内部不同区域间通过内围护结构发生的传递；通过建筑各种开口的空气流动产生的对流交换；内热源带给室内的热量。

热环境的热传递方式有以下三种：

（1）对流，依靠流体的运动把热量由一处传递到另一处。

（2）辐射，依靠物体的表面对外发射可见或是不可见的射线（电磁波或光子）来传递热量。

（3）导热，指固体各部分无相对位移或不同物体直接接触时，依靠物质分子、原子及电子等微观粒子热运动进行的热量传递现象。

二、学校硬化场地的热环境分析

本测量主要是针对夏季高温下的运动硬化体育场地，着重对篮球场地、排球场地、羽毛球场地和小足球场地进行测量。对地表温度影响热环境的几个方面的因素进行具体的测量，如温度、湿度、风速等，研究高温环境下热环境对人体的影响，探索高温条件下运动硬化场地是否适宜运动教学和体育运动。

1. 研究所需的器材

硬化场地热环境分析需要的器材有热环境分析仪、温度计、湿度计、体温计、风速仪等。

2. 篮球场地

图 3－1 中的篮球场地是学校除田径场地外占地面积最大的体育场地，是学生进行体育运动最集中的地方。篮球场地一共有 14 块，其中的 12 块以沥青为基本材料。在 5 月份温度较高的时候，我们对篮球场地做实地测量。5 月 16 日，取最有代表性的 2 块篮球场地（均为沥青材料）做全天的热环境测量，测量结果是 2 块场地温度的平均数。全天共测量 6 次，分别在 9：00、11：00、13：00、15：00、16：00、17：00。每一块场地采取三点测量法，分别对地表温度、距地表 10cm 的温度、距地表 110cm 的温度进行测量。篮球场地地表的温度测量数据如表 3－1 所示，将地表温度的测量结果绘制成柱状图进行分析，如图 3－2 所示。

表 3－1　篮球场地地表的温度测量数据

篮球场地	时间	9:00	11:00	13:00	15:00	16:00	17:00
	温度/℃	30.9	45.2	52.1	48.8	39.8	37.0

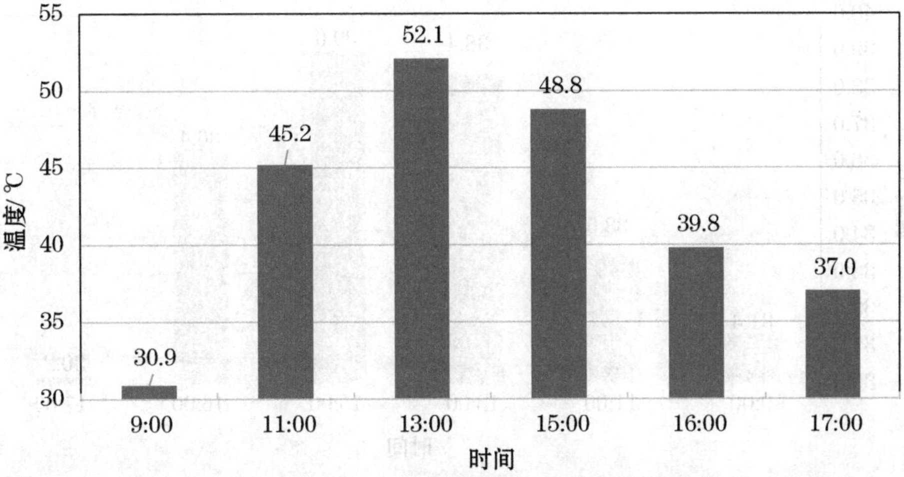

图 3-2　篮球场地地表温度变化

5 月 16 日，对全年来说气温不是最高的，可这时的篮球场地的地表温度已达到 50℃，对训练和教学来说的确不是一个适宜的温度。在训练时人体最先感受的是距地表以上 100~150cm 的温度值。为了更好地反映地表温度辐射对整个热环境的影响，测量选取了距地表 10cm 的温度和距地表 110cm 的温度。篮球场地距地表 10cm 的温度测量数据如表 3-2 所示。

表 3-2　篮球场地距地表 10cm 的温度测量数据

篮球场地	时间	9:00	11:00	13:00	15:00	16:00	17:00
	温度/℃	31.4	33.5	38.4	39.0	36.4	30.2

从表 3-2 我们可以看出，距地表 10cm 的温度受到了地表的辐射，随着地表温度的升高而升高，且变化值比地表温度的变化要慢，距地表 10cm 温度变化如图 3-3 所示。

距地表 110cm 的温度是最重要的温度，这个温度的高低会直接影响到人体的舒适度。110cm 刚好是站立时人体胸腔的高度，这个位置的温度过高会让人感觉胸

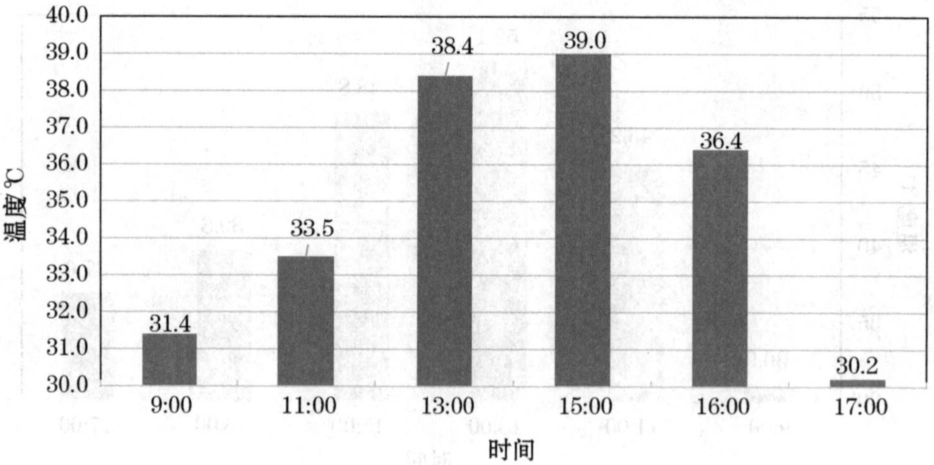

图 3－3　篮球场地距地表 10cm 温度变化

闷、呼吸困难等。篮球场地距地表 110cm 的温度测量数据如表 3－3 所示。

表 3－3　篮球场地距地表 110cm 的温度测量数据

篮球场地	时间	9:00	11:00	13:00	15:00	16:00	17:00
	温度/℃	30.0	31.8	36.6	37.2	35.8	30.4

从表 3－3 我们可以看到，15：00 时距地表 110cm 的温度达到了 37.2℃，它受到地表温度的辐射比较大，而这个温度值远远超过了人体的热舒适值。距地表 110cm 的温度变化如图 3－4 所示。

5 月 16 日对全年来说，气温并不是最高的。而这时阳光下的篮球场地的温度值都在 30℃以上。环境的中性温度区为 25～29℃，这时人体既不感到冷也不感到热，是人体运动最适宜的温度。当体内温度超过正常值（37℃）2℃时，人体的机能就开始下降。30℃对人体来说还能接受，可是从测量数据可以看到，5 月份篮球场地的最高温度已达到了 37℃，地表最高温度已达到 52℃。这个温度值对人体来说很难接受，更何况还要在这样高温度的场地上进行训练，实在让体育教学工作无法进行。

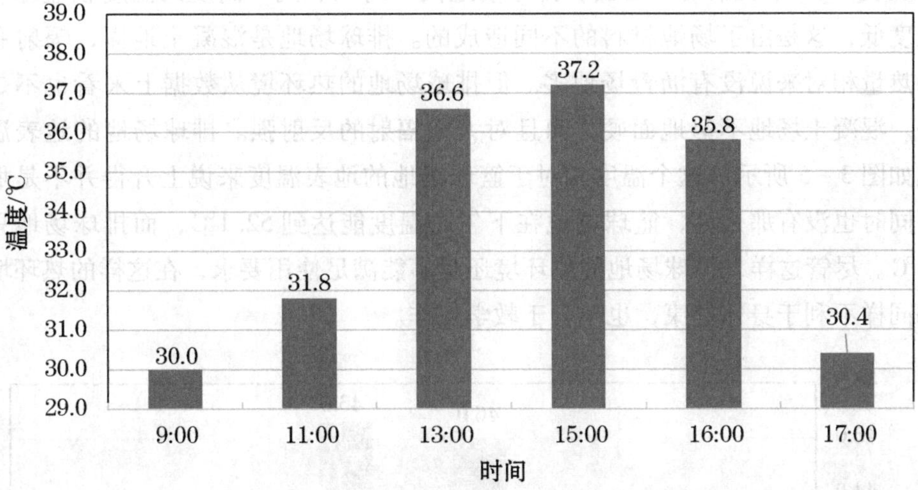

图 3－4　篮球场地距地表 110cm 温度变化

从表 3－3 和图 3－4 中我们可以看出，在 5 月份大晴天、风速较小的情况下，由于受到太阳辐射的影响，地表温度很快上升。在下午的时候甚至上升到 50℃ 以上，这个温度很快影响到环境温度，使地表以上空气的温度开始上升。影响到距地表 110cm 的温度，使该点的温度升高到 37℃ 以上，而这个温度会直接影响到人体的舒适度。再加上体育场地人员较为集中，人体的热辐射也较大，所以实际温度可能比测量还要高。

3. 排球场地

排球场地一共有 9 块，位于篮球场地南侧，和篮球场地只隔着一条小路（宽 5m 左右）。排球场地以混凝土为基本材料，比篮球场地要高 30cm。在一天的同一时间对排球场地同样采取三点测量法进行测量。排球场地的温度测量数据见表 3－4。

表 3－4　排球场地的温度测量数据

	时间	9:00	11:00	13:00	15:00	16:00	17:00
排球场地	地表温度/℃	36.0	41.2	46.0	46.6	38.1	35.0
	地上 10cm 温度/℃	30.6	33.0	37.1	36.6	36.0	30.0
	地上 110cm 温度/℃	30.8	31.4	36.6	37.0	35.8	29.9

从表3－4中我们可以看出，排球场地同一时间、同一高度的温度较篮球场地的温度低，这是由于场地材料的不同造成的。排球场地是混凝土地面，辐射和吸收的热量相对来说没有沥青场地多。但排球场地的热环境从数据上来看也不是那么好。混凝土场地不但地面硬，而且对太阳辐射的反射强。排球场地的地表温度变化如图3－5所示。这个温度相对于篮球场地的地表温度来说上升得并不是那么快，同时也没有那么高，篮球场地在下午时温度能达到52.1℃，而排球场地只有46.6℃。尽管这样，排球场地的热环境还是不能满足使用要求，在这样的热环境下训练同样不利于身体健康，也不利于教学工作。

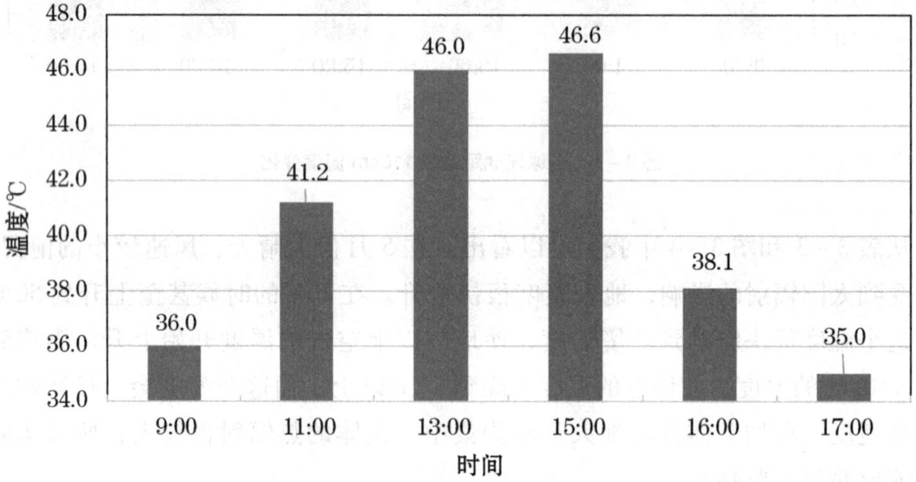

图3－5　排球场地地表温度变化

排球场地距地表10cm、距地表110cm温度一天的变化如图3－6、图3－7所示，可以看出，地表温度的变化幅度虽然没有沥青场地的大，但是温度值仍较高。

4. 小足球场地和羽毛球场地

小足球场地和羽毛球场地同排球场地一样，是混凝土场地。小足球场地温度测量数据见表3－5，温度变化如图3－8所示。羽毛球场地温度测量数据见表3－6，一天的温度变化如图3－9所示。

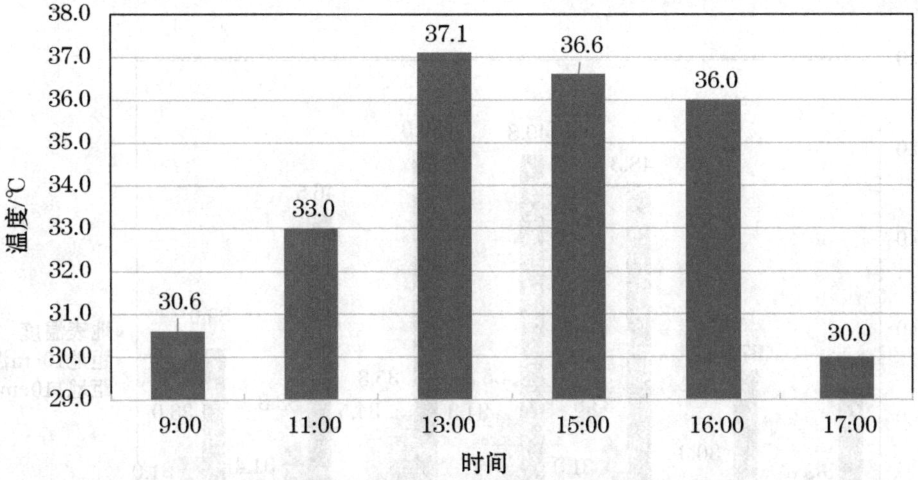

图 3－6　排球场地距地表 10cm 温度变化

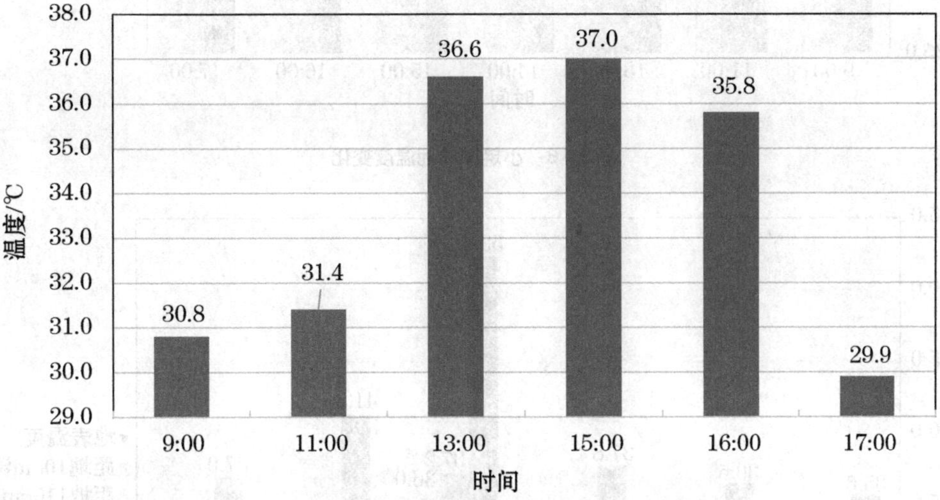

图 3－7　排球场地距地表 110cm 温度变化

表 3－5　小足球场地的温度测量数据　　单位：℃

	时间	9:00	11:00	13:00	14:00	15:00	16:00	17:00
小足球场地	地表温度	36.6	37.8	48.3	49.8	50.0	46.5	39.0
	距地 10cm 温度	28.8	30.3	33.6	35.2	35.3	33.8	33.0
	距地 110cm 温度	28.4	30.1	31.3	34.3	34.5	31.4	31.0

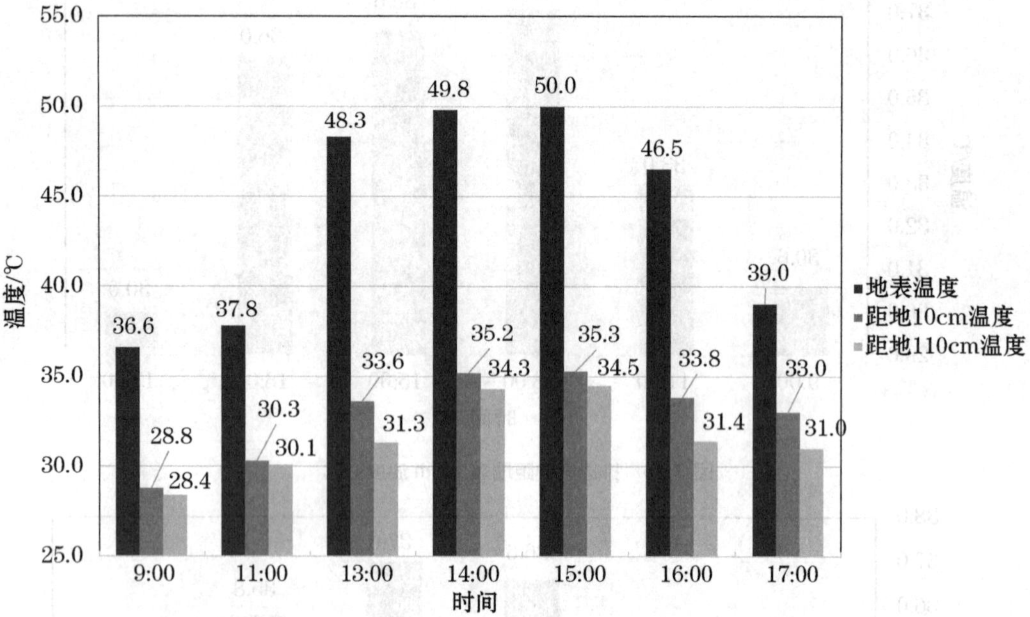

图 3-8 小足球场地温度变化

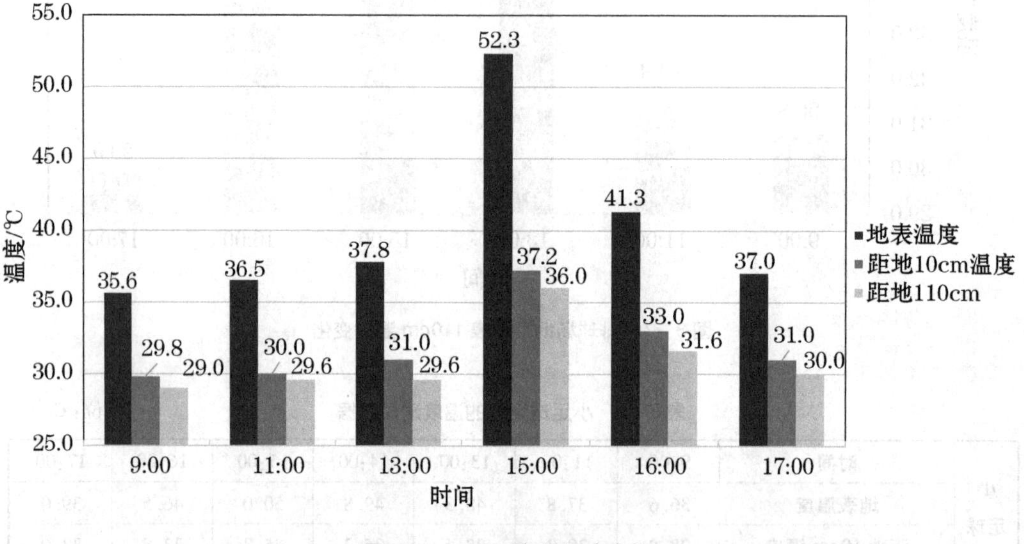

图 3-9 羽毛球场地温度变化

表 3－6　羽毛球场地的温度测量数据　　单位：℃

羽毛球场地	时间	9:00	11:00	13:00	15:00	16:00	17:00
	地表温度	35.6	36.5	37.8	52.3	41.3	37.0
	距地 10cm 温度	29.8	30.0	31.0	37.2	33.0	31.0
	距地 110cm 温度	29.0	29.6	29.6	36.0	31.6	30.0

5. 小结

以上是对某校室外硬化场地一天的温度测量数据和图表分析，这些数据和图表直观地反映了硬化场地在太阳辐射条件下的热特性，说明场地表面温度的变化对场地热环境有着重要影响。

第四节　天然草与人造草场地温度变化的规律

足球草又称足球场人造草，是为减少真草维护和适应气候变化而用于足球场地铺设的人造草，标准的足球草是根据足球运动的特点和国际足球联合会的技术标准要求，专门用于各大足球体育场地铺设的人造草产品。草高常规有 40mm、50mm、55mm、60mm、64mm 几种规格，属于长草，目前市场上的足球草一般采用高耐用聚乙烯草纤维，对外观、耐用性、抗老化性、运动员与人造草坪之间的相互作用、球与人造草坪之间的相互作用等都有严格的要求。体育场地中草坪材料的不同会导致球员对场地的使用感有显著差异。同时，对于足球场而言，草坪的材料选择更要在专业性能、环保施工、使用寿命、日常维护等方面综合考虑，满足人体的基本舒适性需求。

一、天然草坪与人造草坪热湿传递的物理模型

为方便计算，将天然草坪和人造草坪的构造进行简化，如图 3－10 所示。深度为 15m 的地层温度可考虑为等温层。以某地区为例进行计算，土壤表面年平均温

度为15.7℃，则15m以下可认为是温度为15.7℃的等温层。因此，体育场地天然草坪可看作是由天然草和土壤层组成的一维结构，人造草坪可看作是由人造草、橡胶层、碎石基础层和土壤层组成的一维结构。

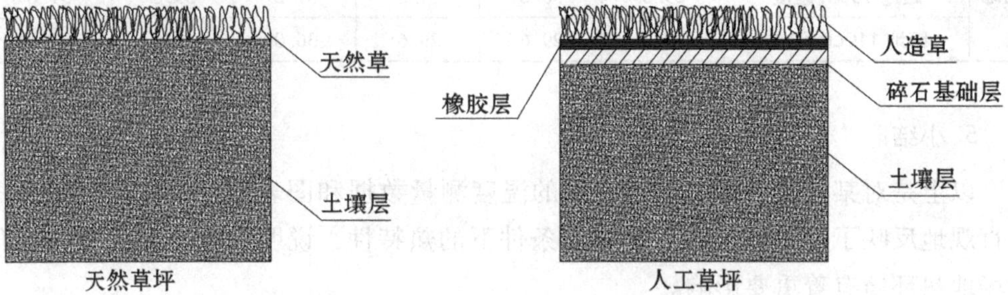

图3－10 天然草坪与人造草坪的简化构造

橡胶层、碎石基础层和土壤层的尺寸和物性参数如下所述。

橡胶层采用丁苯乳胶，具有抗水隔热性能，厚度为0.02m，密度为1 240kg/m^3，导热系数为0.23W/（m·K），水蒸气渗透系数为0。

碎石基础层混凝土厚度为0.1m，密度为2 100kg/m^3，导热系数为1.28W/(m·K)，水蒸气渗透系数为4.8×10^{-12}kg/（m^2·s·Pa）。

将地面考虑成半无限大情况，以24h为周期的日温度波动影响深度只有1.5m左右，当深度大于1.5m时，日温度波动由于衰减可以忽略不计。计算中可取土壤厚度为15m，密度为1 800kg/m^3，导热系数为1.5W/（m·K），水蒸气扩散系数为$D_u=0.229\times10-4\ (1+T/273.15)^{1.75}$，水蒸气渗透系数为$6.1\times10^{-10}$kg/（m^2·s·Pa）。

由于天然草的呼吸蒸腾作用描述复杂，因此将天然草坪层简化视为一种具有吸放湿性能的多孔材料层；由于人造草坪层的材料是塑料，不具有吸放湿性能，因此将其简化视为一种不具有吸放湿性能的多孔材料层。草层厚度均为0.03m，密度为1 800kg/m^3，导热系数为2W/（m·K），天然草坪层水蒸气渗透系数为6×10^{-9}kg/（m^2·s·Pa），人造草坪层水蒸气渗透系数为0。

二、热湿传递控制方程的建立

天然草坪与人造草坪热湿耦合迁移过程按一维处理，基于Philip De Vries模型，按稳态进行计算，建立全面考虑水蒸气和液态水同时传递的热湿耦合模型。

传湿控制方程如公式（1）所示：

$$\frac{\partial}{\partial x}\left(D_{\varphi}\frac{\partial \varphi}{\partial x}\right)+\frac{\partial}{\partial x}\left(D_{T}\frac{\partial T}{\partial x}\right)=0 \tag{1}$$

其中：$D_{\varphi}=\delta_{v}P_{v,sat}\left(1+\frac{T+273}{T}\right)$　（2）

$$D_{T}=\delta_{v}\varphi\left(\frac{\partial P_{v,sat}}{\partial T}+P_{v,sat}\frac{\ln(\varphi)}{T}\right) \tag{3}$$

式中：D_{φ} 是相对湿度梯度引起的传质系数，单位为 m^2/s；D_T 是温度梯度引起的传质系数，单位为 $m^2/（s·℃）$；T 为摄氏温度，单位为℃；φ 为相对湿度，单位为%；δ_u 为水蒸气渗透系数，单位为 kg/（m^2·s·Pa）；$P_{u,sat}$ 为水蒸气饱和压力，单位为 Pa；x 为坐标，单位为 m。

D_{φ} 和 D_T 推导过程中涉及的饱和水蒸气压力及液态水毛细吸附压可参考高等教育出版社 1988 年出版的《高等工程热力学》或其他相关书籍。

传热控制方程如公式（4）所示：$\frac{\partial}{\partial x}\left(\lambda_{o}\frac{\partial T}{\partial x}\right)-L(T)\frac{\partial J_{v}}{\partial x}=0$　（4）

其中，水蒸气流量：$J_{v}=-\left[\delta_{v}\left(\varphi\frac{\partial P_{v,sat}}{\partial T}\frac{\partial T}{\partial x}+P_{v,sat}\frac{\partial \varphi}{\partial x}\right)\right]$　（5）

将方程（5）代入方程（4），得

$$\frac{\partial}{\partial x}\left(\lambda_{o}\frac{\partial T}{\partial x}\right)+L(T)\frac{\partial}{\partial x}\left[\delta_{v}\left(\varphi\frac{\partial P_{v,sat}}{\partial T}\frac{\partial t}{\partial x}+p_{v,sat}\frac{\partial \varphi}{\partial x}\right)\right]=0 \tag{6}$$

$$\rho C\frac{\partial T}{\partial t}=\frac{\partial}{\partial x}\left(\lambda_{eff}\frac{\partial T}{\partial x}\right)+L(T)\frac{\partial}{\partial x}\left(\delta_{v}P_{v,sat}\frac{\varphi}{\partial x}\right) \tag{7}$$

式中：λ_o 为材料导热系数，单位为 W/（m·K）；$L(T)$ 为蒸发潜热，单位为 J/kg；λ_{eff} 为有效导热系数，单位为 W/（m·K）。

$$\lambda_{eff}=\lambda_{o}+L(T)\delta_{v}\varphi\frac{\partial P_{v,sat}}{\partial T}$$

草坪表面（$x=0$）边界条件：

$$\left(-D_{\varphi}\frac{\partial \varphi}{\partial x}-D_{T}\frac{\partial T}{\partial x}\right)\bigg|_{x=0}=h_{m0}(\rho_{v,x=0}-\rho_{v,0}) \tag{8}$$

$$-\left[\lambda_{eff}\frac{\partial T}{\partial x}+L(T)\delta_{v}P_{v,sat}\frac{\partial \varphi}{\partial x}\right]\bigg|_{x=0}=$$

$$h_{c0}(T_{x=0}-T_{0})+L(T)h_{m0}(\rho_{v,x=0}-\rho_{v,0})+\alpha q_{rad} \tag{9}$$

土壤底层（$x=l$）边界条件：$T|_{x=1}=15.7$ ℃　（10）

$$\varphi|_{x=1}=1 \tag{11}$$

水蒸气密度ρ_v利用相对湿度φ和温度T可表示：

$$\rho_v = \frac{Pv}{R_v T_k} = \frac{\varphi P_{v,sat}}{R_v(T+273)} \tag{12}$$

式中：R_v为水蒸气气体常数，单位为J/（kg·K）；h_{c0}为草坪表面对流换热系数，单位为W/（m^2·K），本计算中取200W/（m^2·K）；h_{m0}为草坪表面质交换系数，单位为m/s，对流质交换系数由刘易斯关系式求出，得0.015 8m/s；$T_{x=0}$为草坪表面温度，单位为℃；$T_{x=1}$为土壤底层等温层温度，单位为℃；T_0为外部空气温度，单位为℃；$\rho_{v,x=0}$为草坪表面水蒸气密度，单位为kg/m^3；$\rho_{v,0}$为外部空气的水蒸气密度，单位为kg/m^3；α为太阳辐射吸收系数，本计算中天然草坪取0.85，人工草坪取0.9；q_{rad}为太阳辐射强度，单位为W/m^2。

三、 不同太阳辐射强度下的测试与分析

针对不同的室外温度和太阳辐射强度，分别计算空气温度为20℃、25℃、30℃、35℃，太阳辐射强度为200W/m^2、300W/m^2、400W/m^2、500W/m^2、600W/m^2、700W/m^2、800W/m^2时天然草坪和人造草坪的表面温度，如图3－11所示。

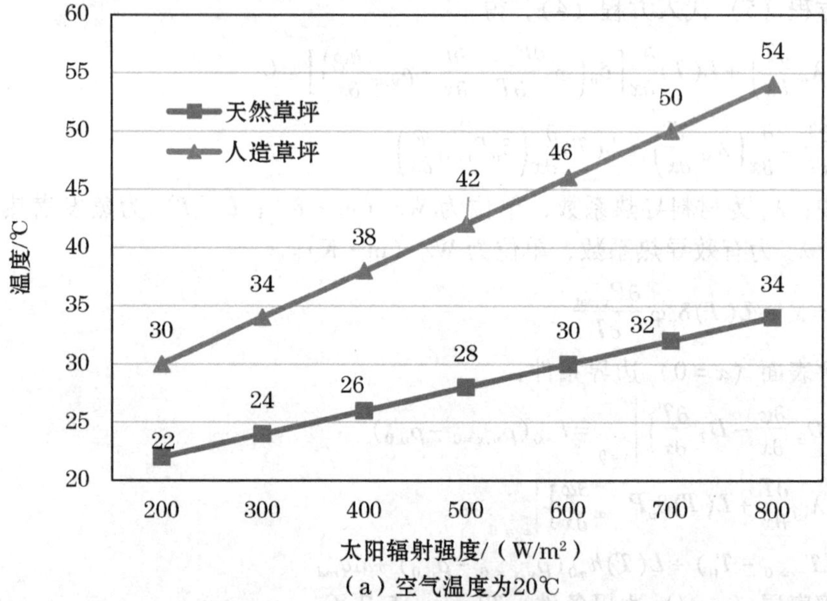

（a）空气温度为20℃

图3－11 不同太阳辐射强度下天然草坪与人造草坪理论计算地表温度

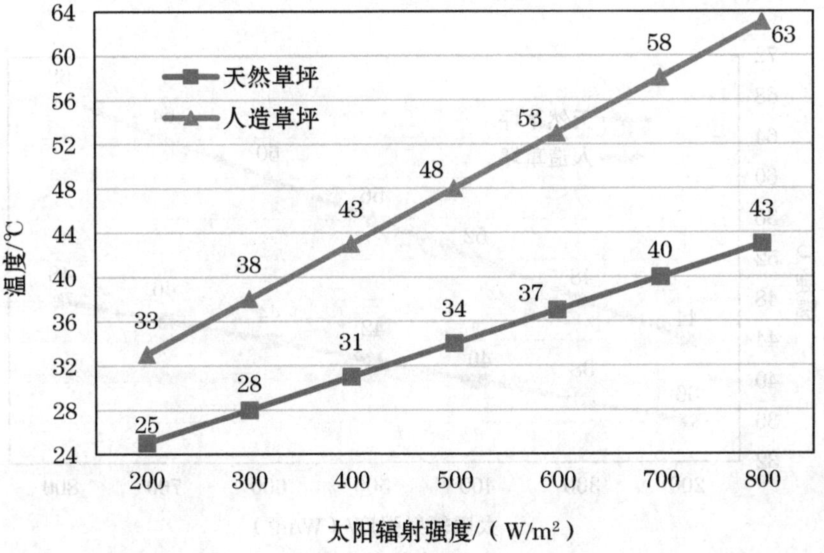

（b）空气温度为25℃

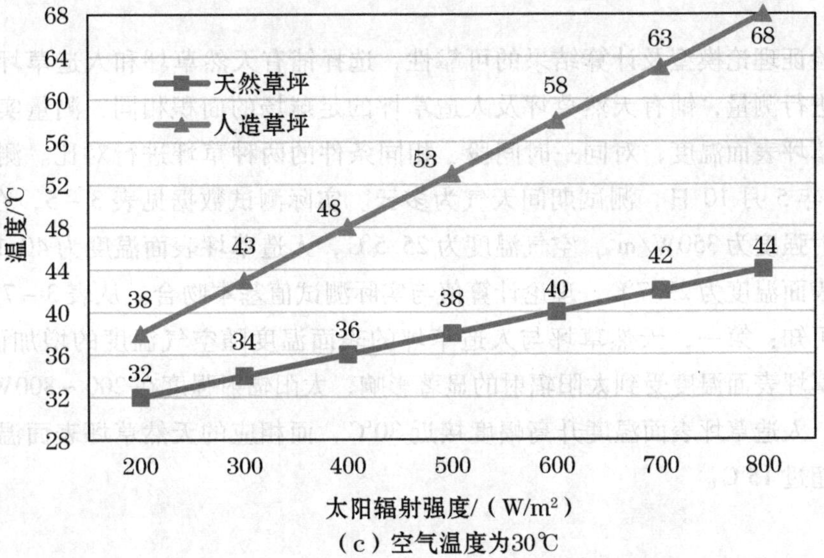

（c）空气温度为30℃

图3－11　不同太阳辐射强度下天然草坪与人造草坪理论计算地表温度（续）

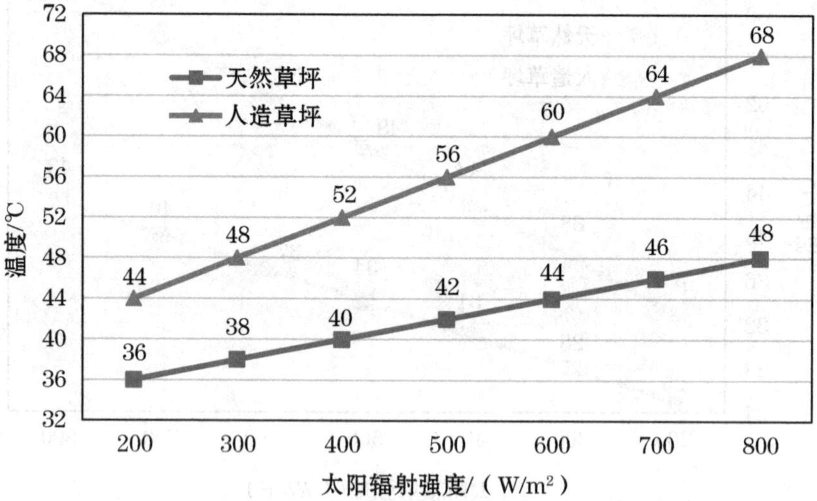

（d）空气温度为35℃

图3－11 不同太阳辐射强度下天然草坪与人造草坪理论计算地表温度 （续）

为验证理论模型及计算结果的可靠性，选择铺有天然草坪和人造草坪的标准足球场进行测量，铺有天然草坪及人造草坪的足球场的面积相同，测量实地空气温度、草坪表面温度，对同一时间段、相同条件的两种草坪进行对比。测试时间为2011年5月10日，测试期间天气为多云。实际测试数据见表3－5，在9:20，太阳辐射强度为350W/m^2，空气温度为25.5℃，人造草坪表面温度为40.1℃，天然草坪表面温度为29.7℃，理论计算值与实际测试值基本吻合。从表3－7测量结果分析可知：第一，天然草坪与人造草坪的表面温度随空气温度的增加而增加；第二，草坪表面温度受到太阳辐射的显著影响，太阳辐射强度在200～800W/m^{2}之间变化，人造草坪表面温度升高幅度接近30℃，而相应的天然草坪表面温度升高幅度不超过15℃。

表 3－7　天然草坪与人造草坪实测表面温度与空气温度的对比　　单位:℃

时间	人造草坪		天然草坪	
	表面温度	空气温度	表面温度	空气温度
9：20	40.1	25.5	29.7	25.5
10：20	48.3	27.6	28.7	26.4
11：20	55.5	32.0	32.3	29.5
15：00	48.7	32.8	31.5	30.3
16：00	42.2	31.3	30.9	29.8
17：00	38.2	30.6	26.4	29.2

天然草坪有由于蒸发散热而产生的潜热，表 3－8 所示为天然草坪在不同太阳辐射强度、相同温度下蒸发潜热占总吸收太阳辐射平均百分比，从表中数据可以看出，当太阳辐射强度为 200W/m^2 时，蒸发潜热平均百分比为 19.0%，计算可得蒸发潜热吸收热量为 38W/m^2；当太阳辐射强度为 800W/m^2，蒸发潜热平均百分比为 8.5%，计算可得蒸发潜热吸收热量可达 68W/m^2。随着太阳辐射强度的增加，蒸发潜热平均百分比逐渐降低，但蒸发潜热吸收热量绝对值增加，从而使得具有蒸发散热的天然草坪随太阳辐射强度增加的表面温度增加幅度相对较低。

表 3－8　天然草坪在不同太阳辐射强度、相同温度下蒸发潜热占总吸收太阳辐射平均百分比

太阳辐射强度/（W·m^2）	200	300	400	500	600	700	800
蒸发潜热平均百分比/%	19.0	14.5	12.2	11.0	10.0	9.0	8.5

在体育场地中，天然草坪与人造草坪被大量应用，除了使用功能上的差别，两种草坪的热环境特征也有所不同。夏季天然草坪的热环境总体情况优于人造草坪，天气炎热时人造草坪的表面温度远远高于天然草坪，在使用前可通过洒水等方式增加蒸发散热，降低表面温度，防止对运动人员造成伤害，并改善人体的热感觉。

第五节　室外热环境对运动人体的影响

一、热环境对人体的影响及分析

1. 热平衡

环境温度过高或过低都不利于人体的体温调节和热平衡保持。代谢产热、太阳辐射获热量平均为627～1 255kJ/h，强度随体力活动强度而增加：$S=0$，体温不变；$S>0$，体温上升；$S<0$，体温下降。人体总的热平衡方程式为：

$$M-W-C-R-E-S=0 \tag{13}$$

式中：

M——人体能量代谢率，W/m^2；

W——人体所做的机械功，W/m^2；

C——辐射换热，W/m^2；

R——对流换热，W/m^2；

E——蒸发散热，包括汗液蒸发和呼出的水蒸气所带走的热量，W/m^2；

S——人体蓄热，W/m^2。

气温30℃以下，轻度劳动，辐射散热45%，对流和传导30%，蒸发25%，32～35℃热空气以对流作用于体表，通过血液遍及全身；高热的周围物体以辐射热作用于体表和组织深部，加热更快更强；汗液蒸发成为维持热平衡的主要方式，皮肤温度34℃，体表每蒸发1L汗液可蒸发散热2 439kJ，等于极强劳动1h产生的热量。人体汗腺有200万～500万个，最大出汗量可达4L/h。出汗受气温、空气湿度、气流的影响。干热有风时，汗的有效蒸发达80%；湿热无风时，汗的有效蒸发小于50%。高辐射时，衣着有隔热的效果。

2. 热适应与热耐力

热适应（heat adaptation）是指人体在热环境工作一段时间后对热负荷产生的

适应反应，其适应性的建立不仅在生理功能方面，而且还在于器官结构方面。

热习服（heat acclimatization）是指当比赛地的气温显著高于平时训练和生活地区的气温时，刚到达比赛地的运动员会产生不适反应，在一定的时间内让运动员适应当地热环境的过程。热习服是后天获得的，是在热刺激的反复作用下逐步建立，可出现一系列生理、心理、行为、形态方面的适应性反应，使紧张的生理功能得到改善，当热刺激作用停止，热习服水平会逐步减退直至消退。也就是说，热习服可分为产生、巩固、减弱和脱失等过程。

热耐力的提高还取决于个体的体力锻炼状况。单纯的热气候自然热习服带来的生理反应改善的程度只有人工热习服的 30%。体力锻炼可提高热耐力 1 ~ 1.5 倍，热环境加体力锻炼，可提高热耐力 3 ~4 倍。

热习服（热适应）是大脑皮层逐步形成综合性条件反射（动力定型）的结果。下丘脑体温调节中枢的适应性改变占主要地位。垂体 - 肾上腺皮质 - 甲状腺系统及肾素 - 血管紧张素系统激素在热习服过程中起重要的作用。热习服后，身体在受到热应激时糖皮质激素、醛固酮、抗利尿素、血管紧张素和生长激素分泌增多，而促甲状腺素、甲状腺素和胰岛素的含量减少，导致散热增加，产热减少。另外，热习服可能与出现致热适应因子、β - 内啡肽等也有关。

随着热习服的进展，出汗功能改善，出汗后体温阈值降低，出汗潜伏期缩短，出汗速度加快，汗腺分泌活动增强，活动时间延长，汗液分布均匀更易于蒸发，汗盐含量降低。随着热习服的进展，体脂减少，体表面积增大，散热增加；心率减慢、心排血量增加，肺功能改善。在热环境中做标准劳动对脉搏、血压、呼吸和肛温的影响越小，表明热耐力越好。

二、人体在热环境中产生的疾病

人体在外界热环境中运动有可能会产生一些疾病。但这些疾病都是暂时的，而且能够很快克服。其中，中暑就是热环境中产生的最常见的一种病。中暑又称环境热病，是环境高热和（或）剧烈体力活动而引起的一组急性过热性疾病的总称，是在热环境下进行劳动和运动竞赛中常见的急症。重症中暑，国外的死亡率为 17% ~70%，我国的死亡率为 5% ~33%。

正常人体在下丘脑体温调节中枢的控制下，产热和散热处于动态平衡，维持体温在37℃左右。当人在运动时，机体代谢加速，产热增加，人体借助皮肤血管扩张、血流加速、汗腺分泌增加及呼吸加快等，将体内产生的热量送达体表，通过对流、传导、辐射和蒸发等方式散热，以维持人体皮肤温度的平衡。当气温超过皮肤温度，或环境中有热辐射源（如电炉、明火），或空气中湿度过高而又通风不良时，机体内的热量难以通过对流、传导、辐射和蒸发等方式散热，甚至还会从外界环境中吸取热量，造成体内热量贮积而导致中暑。

中暑发病与环境高热、体力活动强度、脱水缺盐程度及机体习服与健康状况的综合影响有密切关系。

本章通过对某校硬化场地的调查、测量、研究和分析，发现如果不考虑环境因素，硬化场地则很难全方位满足人体需要。无论是沥青场地还是混凝土场地，都会受到很强的太阳辐射，太阳辐射把整个地表的温度都升高。由于地面的材料不同，地表对太阳辐射的吸收不同，沥青场地对热量的吸收大一些，地表温度升得就会高一些。而地表温度的高低直接决定其辐射的强弱，地表辐射的强弱又直接决定整个场地热环境的好坏。测量结果表明，每一块场地的热环境值都超过了人体的中性温度区。人体的中性温度区是25～29℃，在这个范围内，人体既不会感到冷也不会感到热，而当体内温度超过正常值（37℃）2℃时，人体的机能就开始丧失。学校硬化体育场地的温度在中午都在40℃以上，这个温度不适合任何体育运动，同时也不适合任何体育的教学。

因此要改善这种热环境，让学生能够在硬化场地上很好地进行运动锻炼，能够很好地进行体育教学，就要从根本上解决这个问题。要减少太阳辐射对硬化体育场地的影响，尽量避免太阳照射到体育场地的表面。在体育场地边上多种点树，这样既可以遮阳也能吸收地表辐射和大气辐射。另外，在建场地时还要多用一些不吸热材料或热辐射小的材料，尽量减少地面的辐射，还要在场地和场地之间建一些隔离绿化带，既美化了环境也降低了地表的热辐射。在场地利用上要注意气象参数的变化，在5月中下旬后场地有较大风速会有效地带走硬化场地的辐射热量，改善场地热环境。

三、体育场地热特性与人体耐受性

由于人体不能完全适应天然环境剧烈的寒暑变化，人类创造了房屋、火炉等设施，以防御、缓和外界气候变化的影响，形成了人工热环境。

人工热环境是人类生活不可缺少的条件。可以说，一个人一天中绝大部分时间是在人工热环境中度过的。

人处于任何环境中都要不停地与环境进行热交换。人体内部产生的热量要和向环境散发的热量保持平衡。人体的能量来自摄入的食物在体内的氧化过程。产生的能量或用于做功，或转化为体内热。

体内热必须传至体表向环境散发，不能累积在体内。因为人的体温要保持在37℃左右。如果热环境发生变化，人体与环境之间的热平衡不能继续维持，人体的热调节系统就会通过调节皮肤温度、汗液分泌来改变体表与环境之间的换热率，也可通过调节人体代谢率来建立新的热平衡，维持体内温度稳定。

环境温度为中性区时（25～29℃），人体会既不会感到冷也不会感到热。中性区的中点称为人的中性点，人对中性点所代表的热环境感觉舒适，所以中性点也是人的最佳舒适点。如果热环境改变，例如空气温度下降，或空气流速增加，或平均辐射温度降低，人体的散热率就会增加，人就会感到有些凉。

为了抗衡这种变化，人的生理反应是血管收缩，减少流向皮层的血液，使皮层的传热系数减小，内部组织向体表输送的热量减少，皮肤温度下降，人体向环境的散热率便随之降低。这样只是皮下组织稍被冷却，体内温度可以保持不变。这一区间称为血管机能调节区。

在中性点的另一侧有一个窄抗热血管机能调节区。在这个区间内传至表面组织的血液比在中性点时高出 2～3 倍，皮肤温度可以升高到仅比体内温度低 1℃。环境温度再升高即进入蒸发调节区，人体可借汗液在皮肤表面蒸发向环境输送潜热以达到热平衡。

在这个区间，环境的水蒸气分压和风速就成为影响人体散热的重要因素。当蒸发调节不能再提高体表散热率时即进入人体受热区。相对于冷区来说，热区范围很窄。

体内温度超过正常值（37℃）2℃时，人体的机能就开始丧失。体温升到 43℃以上，只要几分钟，人就会死亡。由于人体的热调节系统有很高的效能，所以人体适应环境冷热变化的范围相当宽。但是人体感觉舒适的范围却窄得多。对热舒适的研究，在 20 世纪 70 年代取得了较大的进展。

第四章　室外体育场地生态降温技术

“健康中国”的理念推动了全民健身的发展，体育场地的大规模建设就是为了满足人民体育健身运动的需求。然而，现在的环境存在很多问题，随着热岛效应和全球气候变暖，在场地建设过程中出现了很多问题，场地夏季热环境就是其中较为严重的问题之一，现在建设的许多场地未系统性地考虑夏季降温措施问题。为了体育产业健康发展，要积极探索在室外场地中如何运用生态降温的方式改善其热环境。这需要我们对各类生态降温形式展开调查与分析，并尝试在场地中运用生态降温技术。

本章介绍垂直绿化的降温技术、人工湿地降温技术、人造雾生态降温技术，并将以网球场为案例设计生态降温系统案例，讲解运用人造雾生态降温技术进行夏季室外体育场地降温的方法。

第一节　室外体育场地生态降温概述

随着社会的快速发展，如今我国的体育产业也进入了一个快速发展的阶段。但是随之而来的问题也很多，室外体育场地建设的过程要充分考虑场地与周围环境规划的适应性、场地环境的科学性、运动人群的热适应性等。就现阶段而言，场馆生态降温问题需要进行较为深入的研究。

一、生态降温与健康中国

多年来国家大力发展体育运动，2016 年又提出了“健康中国”的概念，《“健康中国2030”规划纲要》是今后10年推进健康中国建设的行动纲领。要坚持以人民为中心的发展思想，牢固树立和贯彻落实创新、协调、绿色、开放、共享的发展理念，坚持正确的卫生与健康工作方针，坚持健康优先、改革创新、科学发展、公平公正的原则，以提高人民健康水平为核心，以体制机制改革创新为动力，从广泛的健康影响因素入手，以普及健康生活、优化健康服务、完善健康保障、建设健康环境、发展健康产业为重点，把健康融入所有政策，全方位、全周期保障人民健康，大幅提高健康水平，显著改善健康公平。用生态降温措施改善室外场地环境，为运动人群提供安全、健康、舒适的运动环境，是完全符合“健康中国”理念的。

二、生态降温对运动人群的影响

1. 运动热环境对运动人群的影响

2002年韩日世界杯上，许多强队纷纷落马，其主要原因是队中的球员到了下半场就会表现出体力不支的情况。有专家认为，高温是导致这种现象出现的重要原因之一。人体的温度必须保持相对的恒定才能进行正常的机能活动。人对体内深部温度只能耐受4℃左右的变化，超过这个范围人体机能将产生明显的不良反应。热环境对人体的循环功能、体温调节功能和代谢功能会产生深刻的影响，在热环境中运动时，由于产热增加，散热能力又受到限制，体温更容易升高。体温过高不仅会影响运动能力，严重时还有可能发生热疾病，甚至因热致死。

2. 运动人群热舒适

人体热舒适性在运动状态与安静状态下有着很大的差别，这是因为运动人体具备以下特点：新陈代谢速率大；衣着热阻小；排汗量大；辐射环境复杂。

有研究显示，在自然通风运动建筑内，热舒适不等同于热感觉。广州地区的运动人群视中性偏凉的热感觉为最舒适状态（热感觉投票值为 -0.19）；夏季、过渡季和冬季最舒适状态对应的热感觉投票值为分别为 -0.47、0.15和0.80，即广州地区的运动人群在夏季需要在感觉偏凉的环境中才能达到最舒适状态，而过渡季和冬季则要在偏暖的环境中达到最舒适状态。所以运动过程中运动人群对于热环境的要求很高，并且与安静状态下具有一定的差异性。温度过高的热环境会严重影响运动人群的运动水平及其自身的身体健康，舒适的运动热环境对于运动人群的热舒适的影响很大，场地降温措施的完善和合理地使用对于运动人群热舒适调节起着重要的作用。

第二节　垂直绿化降温技术

一、垂直绿化降温形式

1. 空间绿化

一般认为，空间绿化是指除地表以外的绿化，包括垂直于地面的墙面、栏杆、立交桥、河岸堤岸或者护坡的绿化，也包括屋顶的植物种植。其目的是使各种结构的表面被植物覆盖，从而大大增加绿化面积，同时让植物的绿化附着面由平面向多维空间发展。

2. 垂直绿化

垂直绿化又称垂直绿化系统（vertical green systems，VGS），可分为广义与狭义两种。广义的垂直绿化类似立体绿化，是指非地表空间的绿化，它们的特点是很少占用城市绿地规划面积，在非地表空间上都可种植，其附着基础包括墙面、屋顶、栅栏、堤岸等。狭义的垂直绿化指利用植物沿建筑物墙面生长或者依靠辅助支架通过攀爬、支架安装等方式形成的绿化。这种垂直绿化不含堤岸和屋顶绿化，也是属于广义的垂直绿化内容的一部分。

3. 墙体绿化

墙体绿化的概念属于狭义的垂直绿化，又称建筑立面垂直绿化，它主要指植物沿建筑垂直面（包括阳台、护窗或建筑其他预制框架），通过攀爬、支架安装等形式形成种植平面与地面垂直的绿化方式。墙体绿化是垂直绿化的主要实现形式。

4. 屋顶绿化

屋顶绿化是指植物在建筑屋顶种植形成的绿化。由于屋顶也处于水平面，所以可种植的植被种类较为丰富，也具有较好的绿化效果。

二、垂直绿化的研究现状

1. 国外研究现状

通过对希腊雅典的一处建筑进行测量，绿化能使建筑表面的温度降低 8.4℃；通过对一套覆盖冬青树的建筑进行测量，冬青树的遮挡可有效地降低建筑的辐射量，降低热量吸收 28%；通过对美国加利福尼亚州两栋房屋的制冷设备能耗进行计算和测量，结果表明处于树木阴影下的建筑可节约大约 30% 的制冷能源；通过对一个英国建筑进行两年的检测，利用数据记录软件记录了植物的遮光性能和生长枯萎情况，研究结果表明，植物的生长情况正好与人类的遮阳需求互补，可以很好地提升室内环境质量；通过构建一个墙面并进行垂直绿化和测量，研究者认为垂直绿化是一种建筑节能系统，是节约能源的有效机制，并且垂直绿化大大提高了周边空气的湿度；在某公园安装了 8 个垂直绿化装置来估算建筑侧面墙面温度和环境温度的热影响，实验显示垂直绿化大幅降低了建筑表面温度，同时限制了墙面昼夜温度波动，提高了建筑材料和建筑零件的寿命。研究者分析了相关研究，总结了最大化节能效果的因素，认为绿色屋顶可提供冬季采暖和夏季制冷双重功能，节能效果十分显著。

2. 国内研究现状

李娟等测量、计算和分析了墙立面垂直绿化的节能效果，研究表明垂直绿化墙体在降低室温、吸收太阳辐射、调节建筑微环境方面有很明显的效果，从而降低了空调制冷负荷，最终实现建筑节能，证实了垂直绿化是打造绿色建筑的有效途径之一。刘立光、陈其兵以成都市 4 种垂直绿化植物为材料，测定其叶面积指数、植物对周围环境中细菌的杀灭能力和植物叶片对空气中灰尘的滞留能力，以此为基础量化评价了 4 种垂直绿化植物杀菌导热延迟的效应。林波荣通过梳理数理模型，编写相应的有限差分计算法程序，研究了绿化对室外热环境的影响效果。谢浩通过实验测量表明，在夏季一个昼夜，垂直绿化建筑表面结构平均温度可以从 35℃下降至 30℃左右。建筑外墙的内表面平均温度从 30℃下降至 29℃。同时，垂直绿化外墙面温度比周围环境的空气温度下降了 2℃左右，而未绿化的墙面温度则要比周围环境的空气温度还要高 7.2℃，这两种建筑外墙的温度差异达到了

9.2℃左右。

三、垂直绿化的生态效应

垂直绿化的生态效应主要源于降低温度和增加湿度。垂直绿化由于紧挨建筑墙面，其遮挡阳光、吸收热量减轻建筑表面升温的作用远远超过常规绿化，节能效果较好。同时，植被吸收的光能超过一半被用于水的蒸腾，这样又大幅度提高了周边空气的湿度，实验证明较高墙面的垂直绿化能够有效升高半径为 10m 的环境湿度达 15%。这些效果在上文提到的文献中得到了测量证实。

相应案例表明，配合体育场馆的结构优化布局，将园林绿化进行升华、提炼，并与现代技术融合在一起应用于体育场馆，能让运动人群体验到绿色、健康和舒适。

鉴于垂直绿化的特点及应用的先决条件，它的使用具有一定的局限性。因此，垂直绿化适合应用于大型体育场馆中，需要在设计过程中被当作一个设计元素添加进去。要创造性地对现有的体育场馆进行垂直绿化应用，但由于垂直绿化是在建筑物立面上栽种植物，在不同于普通建筑的体育馆中应用，对于设计师的要求比较高，设计难度比较大。合理地将垂直绿化应用到体育场馆中，会使场馆的降温效果有很大改善，也符合绿色建筑的理念。

第三节　人工湿地降温技术

一、人工湿地降温特点

1. 吸热降温

（1）水的热容量

地面温度的变化率与热容量的平方根成反比。而水的比热容和热容量比土壤、岩石和植被大。一般来说，水的平均热容量比土壤的大1倍，水的比热容是黏土矿物、花岗岩的4~5倍，是土壤有机质的1.6~1.7倍（表4-1）。水的比热容在常见的物质中为最大，既不容易热，也不容易冷，有一定的延迟效应，因此，调节气温的效果很大。

表4-1 不同吸热物质的比热容与热容量

不同"吸热"物质	黏土矿物	土壤有机质	花岗岩	水
比热容/［J/（g·℃）］	0.75~0.96	2.50	0.84	4.18
热容量/［J/（cm·℃）］	2.05~2.42	2.71	2.18	4.18

（2）太阳辐射

太阳照射在地球上的辐射能量47%被地面吸收，使地面温度不断上升，这在夏季会导致地面温度很高，人在近地活动受地面热辐射影响就会感到相当炎热。而有水的湿地环境能消除这样不断上升的趋势，维持周围环境温度的平衡。据相关研究，水的显热移动，使太阳辐射能的5%被大气吸收，22%被水蒸气带走。而蒸发1g水，约带走600cal的热量。

（3）水的流动

在湿地水体中，表面和下层的水通过波动和流动进行混合和热交换。这样也使得水面与陆地相比每天温度波动幅度较小，白天不会出现高温，夜间也不会有低温。

2. 导风降温

（1）温差作用

湿地吸热降温后，水面的温度比高空的温度低，这样形成了空气自然地从低温向高温流动，加快了热扩散，从而形成降温效应。

（2）蒸发作用

水蒸发也加快了空气的流动，更快地带走热能而降温。

（3）摩擦作用

水面比一般陆面平滑，所以风速会比较快。风速快了，上下方向上的空气交换速度就会加快，这样由水面水温调节气温变化的效果就会增大。

二、湿地降温界定

1. 湿地大小斑块的界定

湿地的斑块大小划分和建构与水禽的领域特征密切相关。湿地是一个生态学词汇，必须有一个良好的生态食物链（植物、微生物→鱼、虾→水禽）。较早的关于湿地保护的《关于特别是作为水禽栖息地的国际重要湿地公约》，其主要作用是通过全球各国政府间的共同合作，保护湿地及其生物多样性，特别是水禽和它赖以生存的栖息环境。大小斑块的生态意义如表4－2所示。

表4－2　大小斑块的生态意义

湿地类型	生态意义
大斑块	保护水体或湖泊的水质 连接溪流网络 为内部种提供生境 是范围大的脊椎动物核心生境和避难所 是通过基质扩散的物种的源 为多生境物种提供近似的微生境 具有近自然的干扰方式，许多物种的形成与进化伴随着这种干扰并且需要这种干扰 在环境变化时，减缓物种灭绝
小斑块	为物种扩散及内部灭绝之后的重新殖民提供生境和踏脚石 边缘种的物种密度高，种群多 基质异质性，这种异质性能降低侵蚀，并为捕食者提供隐蔽场所 是小生境物种的栖息地 能保护分散的小生境和稀有物种

大斑块湿地必须具有从水禽到微生物的完整生态系统，因此将大斑块湿地的最小水域面积定为1 000m^2 左右。而小斑块湿地可以以鱼类为生态链的顶端，因此小斑块的水域面积可以在1 000m^2 以下。

那么，大小斑块湿地的水域面积大小可以以1 000m^2 作为分界线。

2. 廊道湿地的界定

廊道是指不同于两侧基质的狭长地带，可以看作是线状或带状的斑块。几乎所有的景观都会被廊道分割，同时又被廊道连接在一起。

廊道湿地起到连接大小斑块湿地的作用，同时又具有一定的生态功能。廊道湿地可以以鱼类为生态链的顶端。据研究，廊道湿地的最小宽度是 7m，最适宜的宽度是 10～20m，如表 4－3 所示。

表 4－3　不同学者提出的廊道湿地的适宜宽度值

作者	发表时间	宽度/m	说明
Corbett. E. S 等	1978 年	30	使河流生态系统不受伐木的影响
Newbold. J. D 等	1980 年	9～20	保护无脊椎动物种群
Brinson 等	1981 年	30	保护哺乳、爬行和两栖类动物
Brown. M. T 等	1990 年	98	保护雪白鹭的河岸湿地栖息地
Williamsom 等	1990 年	10～20	保护鱼类动物
Rabent	1991 年	7～60	保护鱼类、两栖类动物

3. 人工湿地实际案例

以闽南地区华侨大学厦门校区湿地系统为例进行介绍。

华侨大学厦门校区规划总用地为 1.258km^2，湿地水域面积约为 0.11km^2，湿地水域面积占规划总用地面积的 8.7%。

闽南地区校园人工湿地夏季降温效应研究显示：闽南地区高校人工湿地按形态可以分为大斑块湿地、小斑块湿地、廊道湿地；湿地周边环境的温度比草地周边环境的温度低 3.5℃左右，比硬地周边环境的温度低 14℃左右。人工湿地在夏季有明显的生态降温效果。人工湿地水体对改善室外公共空间的热环境及人体热舒适性有着重要的作用。

4. 人工湿地降温技术在场馆中的应用分析

人工湿地对于选址和绿化的要求比较高，适合运用在运动公园建设当中。可以以人工湿地为中心向四周辐射建设各类运动健身场馆，并围绕人工湖建设健身步道，同时增加四周的绿化面积，打造生态舒适的运动健身综合体。

人工湿地相对来说造价比较高，应用范围比较小，人工湿地降温技术也是目前国内已有的体育场馆生态降温技术之一，例如西安城市运动公园园区就有应用。

人工湿地降温的效果非常好，对于局域热环境的改善有着很重要的作用，并给人以舒适、优美的运动健身环境。

第四节 人造雾生态降温技术

一、人造雾降温的形式

1. 集中雾化蒸发冷却降温系统

蒸发冷却可以分为直接蒸发冷却（direct evaporative cooling，DEC）和间接蒸发冷却（indirect evaporative cooling，IEC）。直接蒸发冷却是指空气与循环水直接接触，使空气干球温度下降的同时湿度增加。直接蒸发冷却一般可以在喷淋室中实现，也可以在喷洒循环水的填料层中实现。间接蒸发冷却是指空气在表面式换热器中与被蒸发冷却的空气或水或正在进行蒸发冷却的辅助气体进行热交换，从而被等湿冷却。

集中雾化降温系统中空气和水的热质（湿）交换过程是在雾化室中实现的，属于直接蒸发冷却。该系统使用的一般是常温水，处理方法属于空气的减焓加湿和等焓加湿过程，其中主要集中在等焓加湿过程。

在集中雾化室中，利用燃烧学上的沸腾原理，使经过充分雾化的细小雾滴自上而下地进入气流方向自下而上的空气流道中，向上的气流对下落的雾滴能够产生向上的托升作用，通过控制进气气流流速可以造成空间复杂变化的速度场，使其具有足够的能量顶住下落的雾滴，同时又不使雾滴被气流带走。由于流场的变化，不同粒径的雾滴在流道中上下浮动，这种状似沸腾的现象可加强空气与雾滴的紊动强度，有利于提高系统的热交换效率，延长雾滴在流道中的悬浮时间，使其与流道中的空气能够充分进行热质（湿）交换，雾滴吸收气化潜热从而使被处理的空气干球温度下降，将处理过的空气送入预定送风区域，即可达到通风降温的目的。

2. 细水雾喷雾降温系统

将水雾化成微米级细水雾，扩大了液滴群与环境空气的接触面积，将细水雾喷散到空气中，细水雾能够在短时间内充分蒸发，达到吸热降温的效果。近几年，国内外已经有研究人员将细水雾应用于局部环境降温。他们将净水通过雾化装置以细小雾滴的形式分布在环境气体或热源表面，细水雾蒸发吸热，达到降低环境气体或热源温度的效果。将细水雾应用于大空间局域环境的调节，为探索开发高效、环保、节能的降温系统提供了新的思路。通过细水雾空间输运弥散实现大面积蒸发降温，研究细水雾大空间局域环境降温规律对解决夏季高温问题，改善大空间局域环境质量具有重要的现实意义。

二、人造雾降温的生态性

1. 零排放

近年来，由于对生态环境保护工作的日渐重视，世界各国开始逐步淘汰常规制冷剂氟利昂，而以水作为工质的直接蒸发冷却在我国和其他许多国家也已开始进入人们的日常生活和工作中。水的蒸发过程中不会造成任何污染物排放，属于理想的降温工质。

2. 高效节能

水具有较高的蒸发潜热，1kg 水完全蒸发能使 1 000m^2 35℃的空气降温 2.5℃ 左右，合理地利用水的这种特质，可以很高效地达到降温目的。并且水雾与空气接触面积大，借助风力在空气中扩散速度非常快，对于空气干球降温效果非常显著。

水的沸点相对较低，蒸发速度快，使人造雾系统相比于常规的空调及其他水风机降温设备能耗非常低，有调查显示，使用人造雾系统所耗费的电能还不到使用风机水帘降温的 1/10。

三、人造雾降温技术的运用领域

人造雾降温目前应用的领域比较广泛，降温技术较为成熟，适用于室内外各类体育场馆。但其在室内的应用需要场馆有很好的通风设施，并且不能长时间使用。使用时间太长会造成室内湿度过高，对于运动人群的舒适性会造成一定的影响。在室外的应用局限性相对较小，但是需要考虑的因素比较多。人造雾降温技术不能用于热带、亚热带湿热型气候所处的环境，湿热型气候环境本来湿度就比较高，加上人造雾的增湿，对运动人群会造成很大的影响。人造雾比较适合应用于我国北方的干热型气候环境，在周围环境的影响因素都考虑充分的情况下，在室外体育场地合理地运用人造雾降温技术，降温效果会非常显著。

第五节　体育场地人造雾生态降温设计方案

一、现场测量

对西安某高校网球场的热环境的测量数据主要包括遮阳处和阳光照射下 1. 5m 高度处空气温度、地表温度这两项指标。测量从 8：00 到 17：30 大学生正常上课的这段时间，中间 12：00 到 14：00 为午休时间，不在测量范围内，正常测试结果每半个小时记录 1 次。测试结果如图 4 – 2 和图 4 – 2 所示。

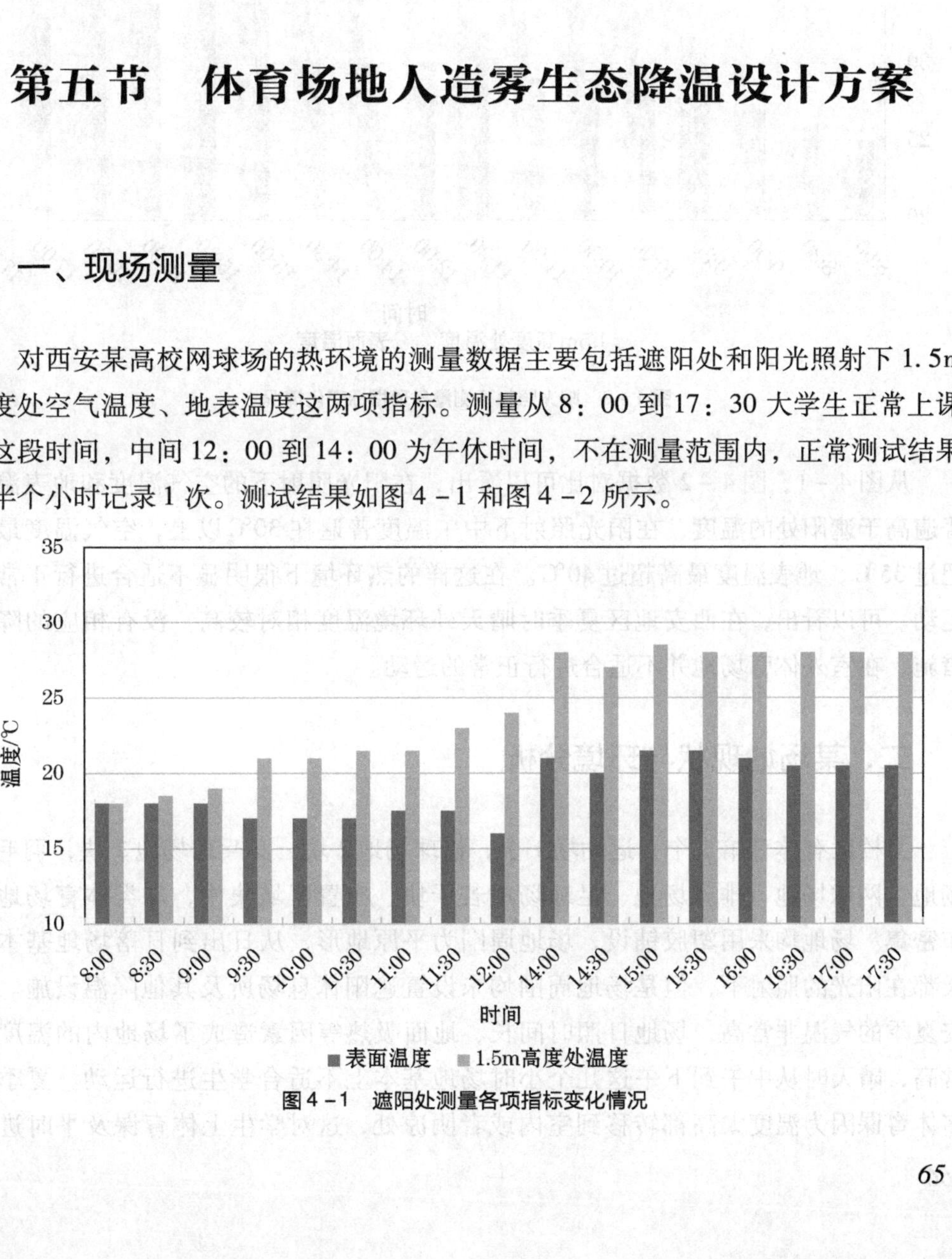

图 4 – 1　遮阳处测量各项指标变化情况

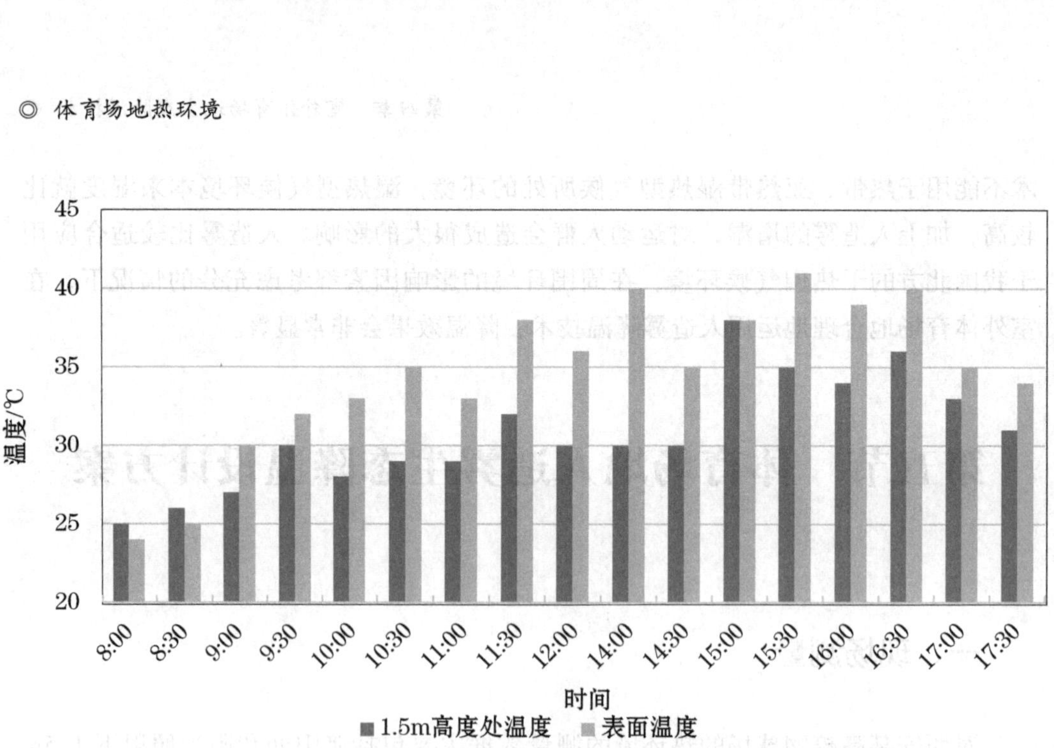

图4-2　阳光照射下测量各项指标变化情况

从图4-1、图4-2数据对比可以看出，在阳光照射下的空气温度和地表温度普遍高于遮阳处的温度，在阳光照射下中午温度普遍在30℃以上，空气温度最高超过35℃，地表温度最高超过40℃。在这样的热环境下很明显不适合进行正常的运动。可以看出，在西安地区夏季时晴天外环境温度相对较高，没有相应的降温措施，在室外体育场地并不适合进行正常的运动。

二、某场地现状与环境分析

某校区有体育馆1个，运动场1个，篮球场地2块，乒乓球场地2块，羽毛球场地、网球场地、排球场地、足球场地若干块，布置区域集中，球类体育场地分布密集。场地均采用塑胶铺设，场地周围为平原地形，从日出到日落场地基本全天都在阳光的照射下，但是场地周围均未设置遮阳休息场所及其他降温设施。西安夏季的气温非常高，场地日照时间长、地面吸热等因素造成了场地内的温度非常高，晴天时从中午到下午这几个小时场地基本上不适合学生进行运动。夏季很多体育课因为温度太高都转移到室内或者阴凉处，这对学生上体育课及平时进行运动锻炼有着很大的影响。

三、人造雾生态降温设计方案与分析

1. 人造雾设备产品选择

某校区网球场人造雾降温方案选择某人造雾设备制造有限公司生产的人造雾降温系统。该人造雾设备制造有限公司有以下几点优势。

（1）完美雾效

如图4－3，人造雾利用微孔高压螺旋式雾化技术，使水分子在瞬间分裂成亿万个1～5μm的雾分子，达到气雾状，完全等同于自然雾；人行其间，有着潮润的感觉却不会被轻易打湿衣物。

图4－3　多种形式喷雾降温方式

（2）健康雾效

人造雾以水为原料，通过过滤系统，过滤了所有对人体有害的活性成分，使原水成为人造雾系统的专业用水，从而保证了人体在人造雾环境中不会吸入有害物质。另外，人造雾系统在产生雾颗粒的同时还能释放出大量的被称为“空中维生素”的负离子，空气中的含量是普通城市环境的2 000～5 000倍，能够增强人体免疫，有益身心健康。此外，它还有控湿、除尘、降温、控制气味等功能。人造雾系统的安装能极大地改善周围环境的空气质量，满足综合性需求。

（3）环保雾效

喷头使用寿命长，一次性投资，重复性使用；耗电用水方面，达到了高度节约，对环境不会造成破坏，环保节能性优越。

（4）智能雾效

它运用可编程控制系统，灵活地进行雾效控制，雾效可有可无，雾量可多可少，维持的时间可长可短。雾效产生时效性快，在5～30s内迅速产生雾效，满足需求。

2. 网球场人造雾生态降温设计方案

（1）薄膜结构屋顶设计

某校区网球场地人造雾降温运用是在不破坏原场地周围环境及设备的情况下

对场地进行改造，并且改造后的场地需要符合网球场地建设规范。以绿色生态、节能环保、合理造价、安全高效为宗旨，考虑到该校区网球场地的现状及现有技术的局限性，选择合适的人造雾降温设备，经过专业的布局分析，将这些设备合理安装到网球场当中，达到有效的降温效果。考虑光照、紫外线等各个因素对降温效果的影响，同时在网球场四周向内延伸盖上薄膜结构屋顶，如图 4 -4 所示。

图 4 -4　网球场地薄膜结构屋顶示意图

（2）人造雾设备区域布置

在不破坏原造型和整体环境的前提下，布置安装管线及冷雾终端。避免不必要的施工麻烦，根据降温效果的具体情况，适量调节，使整体系统更加高效，并且融入周围环境当中。

全套人造雾降温设备共安装 1 套机组，42 个冷雾终端，其中的机组包括高压人造雾机组、控制机型 PLC 可编程控制系统、人造雾发生设备（图 4 -5）、脉动消除器等设备。具体施工时根据该校区的现状，将机组安装在网球场外，避免机组对正常的运动活动造成影响。

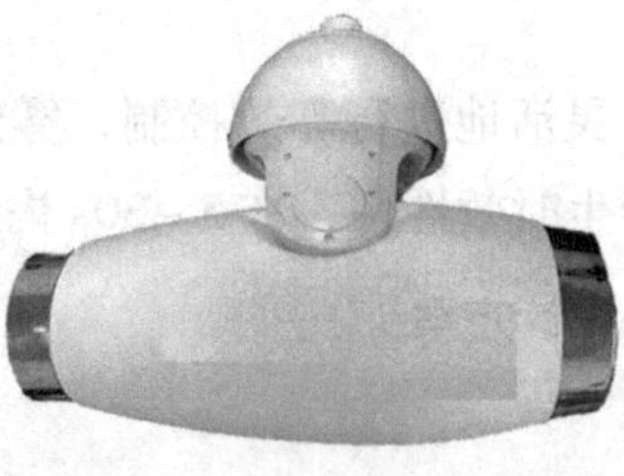

图 4 -5　人造雾发生设备

（3）冷雾终端布局方案

立足不破坏原有场地的情况下，考虑网球场地的尺寸、所处的地理环境、现有技术的降温效果及不影响运动人群正常运动活动等各种因素，冷雾终端安装利用原有场地条件——网球场四周的挡网（图4－6）。在方案中共使用42个冷雾终端（图4－7），将其采用悬挂式安装方法均匀地布置安装在四周挡网立柱上，冷雾终端安装高度为距地面3m，间距为6.1m，布局方式如图4－8所示。

图4－6　网球场挡网

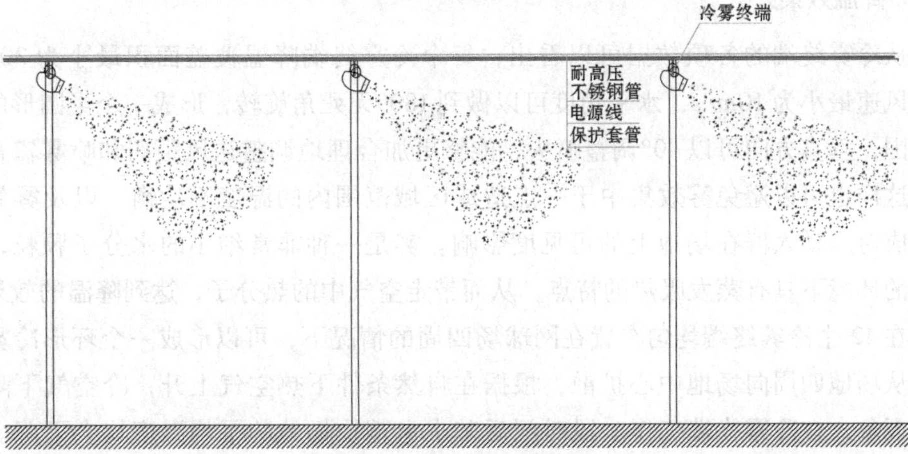

图4－7　冷雾终端安装示意图

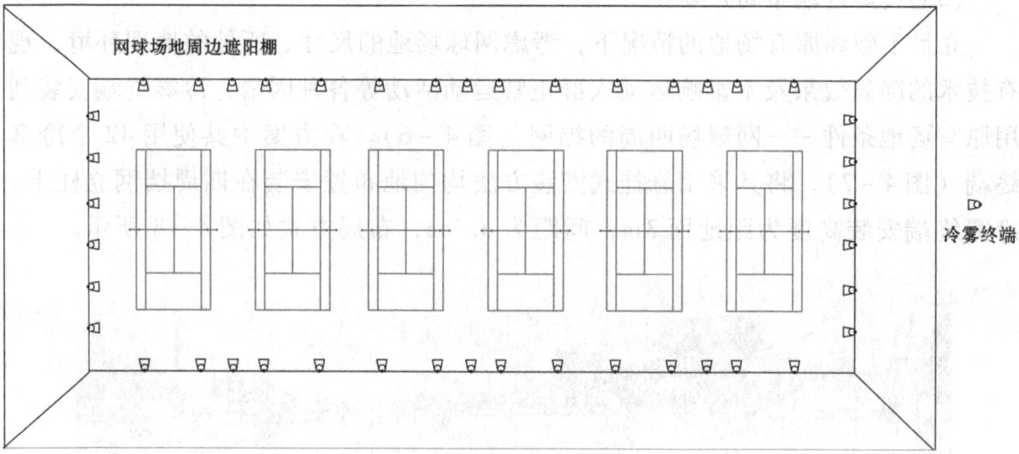

图 4-8　冷雾终端布局示意图

四、人造雾降温方案分析

1. 降温效果分析

从冷雾终端的各项数据可以看出，每个冷雾终端降温覆盖面积最小为 $30m^2$，送风风速最小为 10m/s，水平角度可以做到 180°无死角旋转，形成一个半圆形的覆盖范围，垂直方向可以 40°调整喷头，能够更加合理地调整送风距离和喷雾覆盖范围。这样也可以避免雾效集中于一点造成区域范围内的温度不均衡，以及雾效过多造成对运动人群在场地上的可见度影响。雾是一种非常细小的水分子颗粒，在较热的环境下具有蒸发吸热的特点，从而带走空气中的热分子，达到降温的效果。

在 42 个冷雾终端均匀布置在网球场四周的情况下，可以形成一个环形冷雾风场，从场地四周向场地中心扩散，根据在自然条件下热空气上升，冷空气下降的自然现象，在冷雾终端工作一段时间后基本上整块场地的平均温度均会下降。整个场地降温效果最显著的是场地四周冷雾终端附近的位置，所以在场地四周盖上一个环形的薄膜结构屋顶起到遮阳效果。当运动人群感到累的时候，环形屋顶可以为他们提供一个乘凉休息的场所。整个网球场人造雾降温系统形成一个良性的循环系统，从而不断地降低整个场地的温度。

某地区夏季风很少，晴天基本处于无风或者微风的状态，不会对冷雾终端正常的喷雾工作造成影响，这种气候特点非常有利于冷雾终端运行。

综上所述，综合考虑所处环境的特点及整套人造雾降温设备的科学性等各方面，人造雾降温效果明显，具有实施的可行性。

2. 人造雾设备经济性分析

该网球场使用的人造雾设备主要包括 1 套机组和 42 个冷雾终端，机组功率为 5.5kW。所有设备的购进预算 327 555.00 元，场地人造雾安装施工预算为 65 511.00 元，税金为 62 890.56 元。所有产品的详细计价预算如表 4－4 所示。

表 4－4　人造雾系统清单计价表

设备名称	品牌型号	计量单位	工程数量	单价/元	总计/元
高压人造雾机组	JZ－5050(5.5kW)	台	1	42 500.00	42 500.00
PLC 可编程控制系统	JZ－5010	套	1	12 800.00	12 800.00
人造雾净水设备	JZ－JS02	套	1	24 500.00	24 500.00
脉动消除器	JZ－JZG	套	1	1 500.00	1 500.00
高压 304 不锈钢专用管	JZ－BXG－D10（固溶处理）	米	300	22.00	6 600.00
高压 304 不锈钢环密封 90°连接组件	JZ－WT－D10	个	10	27.00	270.00
高压 304 不锈钢环密封多路组件	JZ－ST－D10	个	42	28.00	1 176.00
高压 304 不锈钢环密封直立喷座	JZ－PZ－D10	个	42	27.00	1 134.00
高压 304 不锈钢环密封连接组件	JZ－JT－D10	个	10	25.00	250.00
高压电子泄压阀	240/60VOTSI	套	1	390.00	390.00
冷雾终端	RZW－JZ01	套	42	5 500.00	231 000.00
电源线	KVV3×4	米	300	4.20	1 260.00
PVC 保护套管	DN32	米	300	5.00	1 500.00
专用卡子	JZ－QZ－DN10	个	150	4.50	675.00
其他辅助材料		套	1	2 000.00	2 000.00
小计					327 555.00
施工费	安装调试费、运输费 20%	—	—		65 511.00
税金	16%	—	—		62 890.56
合计					455 956.56

注：表中价格均为场地建设时的实际购买价格，仅供参考。

整套设备运行时间按照每天工作 8 小时，半小时喷雾 1 次，每次 10min 计算，每天运行 160min。运行成本如表 4 -5 所示，每天水电费总计 34.11 元。成本分析中所需水电费以某地区价格计算（水费 6.21 元/t，电费 0.632 元/kW · h)，每天的运行成本非常低，在运行过程中给学校造成不了多大的经费压力。

表 4 -5 人造雾系统运行成本分析

系统主机型号	工作时间	额定功率/kW	应耗电量/kW · h	所需电费/元	额定流量/L · min^{-1}	应耗水量/t	所需水费/元	水电费合计/元
JZ - 5050	8 小时/天；半小时 1 次；每次 10min；每天 160min	5.5	14.67	9.27	25	4	24.84	34.11

整套设备的使用寿命长，大部分设备为全寿命周期使用；设备组件使用周期长，维护费用低。所有设备组件的使用周期和维护费用如表 4 -6 所示，以 10 年为 1 个大周期来看，10 年的总计维护费用为 7 613 元。

表 4 -6 人造雾系统部件使用周期和维护成本（10 年）

人造雾系统主要组件	更换频率/次	所需成本/元
水处理部件更换	3	1 000.00
泵机组件更换	5	1 200.00
电机更换	10	1 100.00
泵机机油添补	1	48.00
其他管线环密封件	5	150.00

通过对人造雾降温方案的经济性分析，在场地周边进行适当地遮阳，并架设喷雾降温装置，投资和运行费用较低，但极大改善了场地热环境，为户外网球场地的热环境提升提供了很好的范例，值得推广和借鉴。

第六节　生态降温的意义

调查结果显示，随着社会的发展，生态降温技术也在快速发展，现在可利用的降温措施很多，但是在场馆建设运营过程中很少运用生态降温技术，在场馆的建设过程中基本没有考虑生态降温技术的使用。在我国也没有颁布相关政策及法律法规。

以某网球场为例，场馆建设过程中没有考虑夏季场地温度过高对学生正常上课影响的问题。环境是影响学生上课的重要因素。研究显示：合理地将生态降温技术运用到场馆建设运营过程中，可以提高场馆的利用率，给运动人群提供更加舒适的运动热环境，提高人们运动的积极性。并且，生态降温措施能耗低、零排放、绿色生态的特点也会减轻对环境的影响，降低场馆所有者的日常运营压力。人工雾化是目前较为流行的室外降温技术，其绿色、生态、节能的特点使其成为生态降温技术中的重要一员。合理地将这种技术运用到场馆建设和运营过程中，对于填补室外场地降温方法的空白有着重要的意义。

目前，全国体育场馆普查得出体育场地数量巨大，但优质体育场地资源较为匮乏，许多场地在建造时不考虑场地热环境问题，不考虑太阳辐射强度和紫外线强度等问题，造成大量室外场地使用率低下。目前，相关场地建设规范对户外运动时人体对环境的舒适性和健康性需求考虑较少，忽视现代运动人群追求运动环境健康的理念，易导致片面追求场地的人均使用面积的情况发生。做好场地生态环境建设，改善场地周边生态环境，利用人工湿地、雾化降温技术，采用低热敏感度材料进行场地铺装，在场地周边种植绿植，增大膜结构或遮阳场地的面积等，这些都是非常好的降温举措。生态降温型场地在国内有巨大的市场应用和推广前景。

第五章　室内体育场地生态降温技术

1995 年，国务院正式颁布了《全民健身计划纲要》。之后的 20 多年，国家大力发展体育运动并建设了大量的以服务大众性体育活动为主的公共体育设施，激发大众的体育运动激情。但是，体育馆人员聚集，空间封闭，能源消耗多，在通过空调系统达到调节馆内环境温度的同时也直接影响了馆内运动空间微气候；封闭式的运动空间存在灰尘积聚、细菌（病毒）传播的隐患，进而会危害运动人群的健康，尤其在高湿、高温的湿热地区表现得尤为突出。因此，大而封闭的室内场馆能否提供安全、健康的运动环境受到了不同程度的质疑。“健康型运动空间”的运动思维理念开始被提出，并被国家和大众逐渐接受并发展传播。

近年来，随着我国经济的快速发展，体育行业也处在一个飞速发展的阶段，随之而来的体育场馆以及其他类型的体育场地的数量也在不断增多。目前，我国体育场馆建设超过九成的资金是通过自筹或者财政拨款而来，社会捐赠（包括私人投资等）以及相应的公益金只占极小的一部分，场馆建设投资比较单一，再加上其他的一些社会原因和体育场馆建设规划专业性不足等原因，造成了很多体育场馆建设不规范，在建设规划过程中对于运动人群热舒适因素考虑不足，没有有效地利用降温措施。目前，大多数体育馆以电制冷空调降温为主，而使用空调会在制造更多室外热量的同时对环境产生破坏，从绿色生态可持续发展角度看，这并不是理想的降温设施。

就场馆运营的经济性来讲，空调降温也会产生较大的运营费用，使运营成本大幅提高，这样不仅会使场馆运营的压力增大，而且还会使消费者的消费压力也随之增加。长此以往对体育产业的健康发展会造成一定的负面影响。

还有很多体育场馆并没有降温措施，比如一些大学里面的体育馆，出于建设资金、运营成本的考虑以及规划设计技术等各种原因，在场馆建设过程中没有考虑到降温问题。夏天场馆内部的温度高达三四十摄氏度，甚至室内温度比室外温度还要高，到天气炎热的季节不仅不适合运动健身，甚至进入里面都有中暑的风险。体育馆的建设本来是给人们创建一个环境、条件优越的运动锻炼场所，但如果在建设过程中不考虑人体运动热舒适，就会违背体育场馆建设的原则。

在全民健身运动广泛开展的背景下，我国对各类体育设施，特别是体育场馆建设的投入不断加大。体育场馆高速建设，对我国建筑业，包括暖通行业提出了更高的要求。暖通行业相关能耗分别占建筑能耗和社会总能耗的50%和15%，随着我国建筑节能工作的开展，在满足人们健康、舒适的前提下，如何利用自然资源，选择适宜的室内环境营造技术，减少建筑能耗，成为建筑行业关注和议论的话题。浅层地能热泵降温技术、地道风降温技术等作为可再生能源利用技术，因其构造简单、成本低、节约能源和运行维护方便等优点，引起人们广泛关注。

地道风降温技术自20世纪70年代初期开始迅速发展，多用于影剧院、办公楼、商城等公共建筑及一些工业建筑。对于体育场馆这种大空间建筑，相较于那些一般公共建筑来说，对采暖、通风和空调系统的要求更高，负荷需求更多，使用新技术的难度也更高。为了探究地道风降温技术在体育场馆中的应用，以某体育馆为例，采用文献研究、数值模拟等方法研究了体育馆应用地道风降温的可行性，并对其节能性和经济性进行分析，主要内容有以下几点：

首先，在地道-空气换热器换热理论的基础上，通过分析西北地区夏季浅层土壤温度分布和气象特征，计算地道-空气换热器的换热温差，讨论地道风降温技术在西北地区应用的可行性。

其次，以西安市某体育馆为模拟对象，通过假定地道风系统方案，以Airpak数值模拟方式对体育馆温度场和气流场进行分析，讨论地道风的降温效果。

最后，对地道风的降温效益进行分析，包括地道风降温节能效益、相较于空调系统的经济效益，并对体育馆应用地道风降温技术提出合理建议。

第一节　场馆节能的背景

一、现状分析

能源短缺是当前社会面临的一个严峻问题。我国作为世界排名第一的能源生产国和消费国，以及世界节能和利用新能源、可再生能源的大国，节约能源一直是经济发展的重要战略。在我国社会总能源消耗中，建筑能耗约占27%，耗能高、节能率低是我国建筑长期存在的一个问题。从整个建筑耗能来看，公共建筑占了很大比例。《中国建筑能耗研究报告（2017）》指出：2015年，全国建筑总面积达到591.93亿 m^2，其中公共建筑面积约为107.65亿 m^2，占比18%。全国建筑能源消耗总量为8.57亿吨标准煤，占全国能源消耗总量的9.93%，其中公共建筑能耗2.92亿吨标准煤，占建筑能耗总量的34%。从单位面积能耗强度看，公共建筑能耗强度是四类建筑用能中强度最高的，且近年来一直保持增长的趋势。2015年公共建筑单位面积能耗为31.66kgce/$m^2$①，分别是城镇居住建筑（13.77kgce/m^2）的2.3倍和农村居住建筑（7.80kgce/m^2）的4.1倍，这里三种类型建筑的单位面积能耗强度均为发电煤耗法口径。2015年公共建筑单位面积电耗为57.01kW·h/m^2，分别是城镇居住建筑（17.9kW·h/m^2）的3.2倍和农村居住建筑（12.71kW·h/m^2）的4.5倍。体育场馆建筑作为大型公共建筑中的重要一支，无疑也处于这样高能耗的水平上。

近些年，我国经济迅速发展，国力不断增强，人民生活水平逐步提高。在国家政策的推动和全民健身体系的不断完善下，我国的运动事业得到了快速发展，体育场馆建设处于鼎盛期。从国家到地方，公共体育场馆建设的资金投入、建设数量迅速增长，全国体育场馆建设热潮从一线城市向二线、三线城市蔓延。各省

① 单位面积能耗表示1m^2建筑消耗的标准煤的数量，单位为kgce/m^2。

市陆续对本地大型体育设施更新换代，对既有的体育场馆进行改建扩建，把体育场馆作为城市标志性建筑来建设，档次越来越高，标准也越来越高，体育场馆也因此从普通公共建筑升级为高耗能公共建筑。此外，很多地方体育场馆在支出高额投资成本之后还伴随着后期巨额的运营维护费用。这些场馆在举办过大型赛事或活动后可能会被长期闲置，造成资源浪费，成为建筑能耗的“黑洞”。因此，体育场馆作为中国建筑中的耗能大户，节能潜力巨大。无论是从承担社会责任还是从降低经营成本的角度，体育场馆提高能源利用、降低能源消耗都势在必行。

从建筑能耗构成来看，暖通空调系统往往占比最大，约占建筑总能耗的1/3，有的甚至高达45%。因此，如何在满足人们健康和舒适需求的前提下，合理利用自然资源，选择适宜的室内环境营造技术，减少建筑能源消耗，是暖通行业亟待解决的重要问题。

可再生能源的利用是空调节能的重要途径之一。可再生能源是指太阳能、风能、地热能、水能、生物质能和海洋能等非化石能源。可再生能源相对于化石能源来说，具有清洁、环保、形式多样和资源丰富等优点。当前暖通行业可再生能源利用的常见形式有光电式太阳能制冷系统、太阳能吸收式制冷系统、地表水地源热泵系统、太阳能热泵系统、土壤地源热泵系统和地道风系统等。

我国幅员辽阔，不同地区的气候特点、资源特点存在显著差异，而暖通空调对可再生能源利用技术上具有显著的地区适应性。由于可再生能源在我国不同地区分布类型不同且分布不均，在空调系统中利用可再生能源要充分考虑地区差异和适应性。通过选择适宜的空调形式，因地制宜地制定可再生能源利用方案，是建造绿色建筑的有效途径。

就我国西北地区而言，夏季炎热，空气湿度相对较好，而冬季则恰好相反，气候寒冷干燥。无论是学生还是群众，夏季在户外进行运动都会感到十分痛苦，因此很多人会选择在空调开放的体育场馆中进行运动。但这些体育场馆多数利用电力运转空调系统，对可再生能源的利用很少，使得场馆耗能和运营成本的消耗都很大。此外，西北地区很多地方地下水位较低，土壤的热物性较好，为可再生能源的利用打下良好的基础，尤其适宜以地温资源为基础的地道风的利用。

二、节能意义

1. 节能减排，构筑绿色建筑、绿色场馆

在满足人们对室内环境舒适性要求的前提下，体育场馆合理使用暖通空调技术，能够节约物质资源和能量资源，减少废弃物和环境有害物排放，构筑低碳场馆、绿色场馆。

2. 利用可再生能源，推动城市可持续发展

体育场馆作为公共建筑中的耗能大户，其空调技术的革新和可再生能源的利用对整个建筑行业节能具有很大影响，在城市可持续发展中起着显著作用。

3. 降低体育场馆运营成本，提高场馆经济效益

体育场馆投资建设成本大，后期运营也十分“烧钱”，暖通空调费用在其中占了很大部分。利用可再生能源，改进空调系统，对降低体育场馆的运营成本十分有效。

4. 利用地下建筑空间，缓解城市用地危机

我国地下空间总量增长迅速，除建筑本身地下空间构筑外，城市中还存在着大量可利用的人防工程、山洞和隧道等。合理利用地下空间，减少空调系统地上空间占用，有利于土地多重利用和空间复合开发，推动城市的立体化发展。

第二节　浅层地源热泵降温技术

浅层地热能广泛存在于地球浅表层（距地表 <200m）巨大的恒温带中，其能量主要来源于太阳辐射和地球梯度增温，土壤温度相对恒定，几乎不受环境和气候变化的影响。与深层地热相比，浅层地热能分布广泛、储量巨大、再生迅速、采集方便、开发利用价值更大。因此，浅层地热能作为一种新型、可再生的优质清洁能源，越来越受到国家和社会的重视。

一、地源热泵系统组成及工作原理

地源热泵系统是浅层地热能利用的重要形式（图 5－1），一般由 3 套循环系统、2 套能量交换系统和末端能量释放系统构成。地面以下 20～100m 是一个相对恒温层，温度在 13～20℃。此相对恒温层温度受季节性和地域性的影响较小，季节性温度变化为 6～7℃，地域性温度变化在 10℃左右。地源热泵系统用井水作为中间介质与地下恒温岩土进行热交换，以获取岩土中能量。

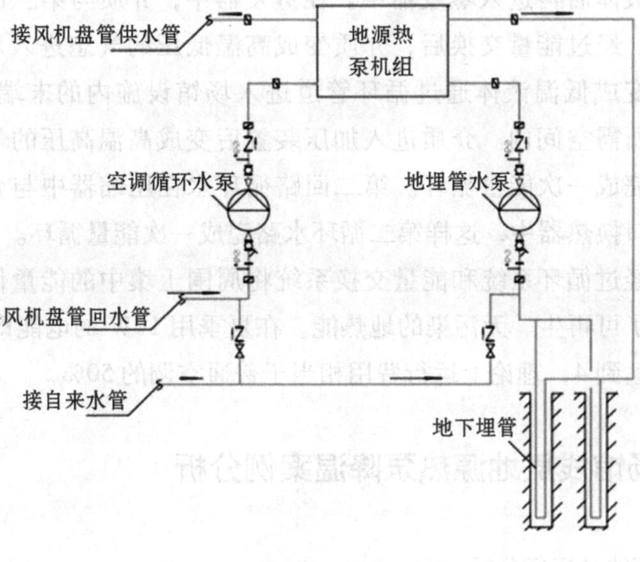

图 5－1　地源热泵系统原理图

井水在井中与周围恒温岩土进行能量交换后，通过循环管道输送到井口换热器中，再次与循环水进行能量交换。循环水与井水进行能量交换之后，通过管道输送到换热器中，进一步提高或降低了循环水的温度。从换热器中出来的水通过管道直接送至场馆设施内部；井水与循环水进行能量交换之后通过管道回到井中，再次与周围恒温岩土进行能量交换。这样完成一次循环。

从井口换热器中出来的循环水进入体育场馆设施内的机房蒸发器中，与蒸发器中低温低压的介质进行热交换。介质变成高温低压的气态进入加压装置，变成高温高压的气态进入压缩器中，在压缩器中介质与第三回路中的循环水进行热交换，经过热交换后，介质变成低温高压的液态进入减压装置中。第三回路循环水进行热交换后变成高温液体通过循环管道进入场馆设施内末端能量释放装置，将能量释放到所需空间内。介质进入加压装置后变成低温低压的液体进入蒸发器，这样介质完成一次能量循环。第二回路循环水在蒸发器中与介质发生能量交换后，返回井口换热器中，这样第二循环水路完成一次能量循环。

从井口换热器中出来的循环水进入体育场馆设施内的机房压缩器中，与压缩器中高温高压的介质进行热交换。介质变成低温高压的液态进入减压装置中，变成低温低压的液体后再进入蒸发器中。在蒸发器中，介质与第三回路中的循环水进行能量交换。经过能量交换后，介质变成高温低压的气态进入加压装置中，第三回路循环水变成低温液体通过循环管道进入场馆设施内的末端能量释放装置，将能量释放到所需空间内。介质进入加压装置后变成高温高压的气态进入压缩器中，这样介质完成一次能量循环。第二回路循环水在压缩器中与介质发生能量交换后，返回井口换热器中，这样第二循环水路完成一次能量循环。

上述系统经过循环系统和能量交换系统将周围土壤中的能量传送到所需空间中，充分利用了可再生、无污染的地热能。在夏季用 1kW 的电能即可产生 4kW 的热量，能效比达到 4，理论上运行费用相当于普通空调的 50%。

二、某场馆浅层地源热泵降温案例分析

1. 浅层地源热泵运行分析

某场馆地源热泵系统主要参数如下：主机 2 台，一备一用，制热功率 1 251kW，耗电量 258kW · h；制冷功率 1 020kW，耗电量 192kW · h。风机盘管 331 台，每台耗电量 0.05kW · h。循环水泵 2 台，每台功率 35kW，2 台同时运行。潜水泵 1 台，功率 35kW。制热能效比（COP）为 4.85，制冷能效比（EER）为 5.32。由前文测试结果可以大致看出室内外温差基本保持在 26℃左右，最高温差可达 28.9℃。通过实际测试统计，主机运行时间如表 5－1 所示，运行费用如表 5－2 所示。

表5－1　主机运行时间统计

测试时间	主机运行时间/h
8月3日	12.6
8月4日	12.2

表5－2　8月3日某场馆地源热泵系统制冷一天运行费用

名称	主机	风机盘管	循环水泵	潜水泵
数量/台	1	331	2	1
耗电量/（kW·h）	192	0.05	35	35
运行时间/h	12.6	13	13	13
总耗电量/（kW·h）	2 419.20	215.15	910	455
用电单价/元	1	1	1	1
费用/元	2 419.20	215.15	910	455
总计费用/元	3 999.35			

注：主机与系统其他装置运行时间不一致。

2. 普通冷水机组空调运行分析

相同负荷、相同工况下普通水冷式空调运行费用，如表5－3所示。

表5－3　普通空调运行费用

名称	主机	风机盘管	循环水泵	潜水泵
数量/台	1	331	2	1
耗电量/（kW·h）	300	0.05	35	35
运行时间/h	12.6	13	13	13
总耗电量/（kW·h）	3 780	215.15	910	455
用电单价/元	1	1	1	1
费用/元	3 780	215.15	910	455
总计费用/元	5 360.15			

注：主机与系统其他装置运行时间不一致。

主机2台，一备一用；制热功率1 251kW，制冷功率1 020kW；制热能效比（COP）为3.3，制冷能效比（EER）为3.4；制热耗电量379kW·h，制冷耗电量

300kW·h；风机盘管331台，每台耗电量0.05kW·h；循环水泵2台，每台功率35kW，2台同时运行；潜水泵1台，功率35kW。

3. 地源热泵系统与普通空调系统对比分析

经过计算，某场馆总冷负荷为945kW，选用的主机名义工况下35℃，制冷负荷为1 020kW，耗电功率为192kW，制冷能效比（EER）为5.32；一天运行费用为3 999.35元。如果选用普通水冷空调，由于实际室外温度比标准状况35℃要高，这样制冷能效比（EER）的值也会随之下降，而且呈直线下降。当室外温度38℃时，根据统计结果EER一般在2.5左右，如果室外温度再升高，则普通空调能耗比会更低。

按照一个制冷季节90天计算，从表5－2、表5－3的数据可以算出某场馆地源热泵夏季运行费用为359 941.5元，如使用普通空调夏季运行费用为482 413.5元；使用地源热泵比使用普通空调夏季节约122 472元，节约34.03%。

综上，地源热泵可总结出以下三大优势：

（1）夏季使用地源热泵制冷比使用普通中央空调节约能耗35%左右；

（2）地源热泵系统能够实现降温建筑使用区域的零排放、零污染；

（3）一套地源热泵设备，既可冬季供暖，又可夏季制冷，并提供日常生活热水，能有效地节约总体投资。

三、浅层地源热泵在场馆中的应用分析

浅层地热能属于清洁能源，开采容易，但是其应用也受到地域的限制，在很多地区地下环境复杂，地下水丰富，就不适用地热能泵。浅层地热能泵的应用需对应用地区的地下环境进行勘测，确保施工的可行性。

浅层地源热泵仅适用于建筑室内环境的降温，也就是封闭的大型运动场或者体育馆。在所有先决条件符合的情况下，浅层地源热泵可以运用在很多的体育馆中，在一些大型体育馆和运动中心利用浅层地源热泵代替常规的空调降温技术可以节省大量资源，能耗也会显著降低，对降低运营成本也会有很大帮助。

第三节　地道风降温技术

一、地道风概述

地层可视为一个天然的蓄热器，地底土壤温度受地面上太阳辐射和气温变动影响，当温度变动传至地下土壤时，会随土壤的深度而衰减、延迟，深度越深，衰减和延迟就越明显。研究表明，在我国西北地区埋深7m的地道，其周围地层的原始温度由163.8天（23.4×7=163.8）、即5.5个月以前的地面温度所决定。7月份对空气降温时，地道周围地层的原始温度由1~2月份的地面温度决定，而12月份对空气升温时，地道周围地层的原始温度由6~7月份的地面温度决定。地层的这种温度波的衰减和时间的延迟，为地道降温（升温）工程的应用提供了良好的冷、热源条件。

地道风基于机械送风或者诱导式通风系统，利用上述地层土壤温度变化的特点，将引入的室外空气通过地道或地下管道进行换热处理，再向地面的建筑物进行输送，从而使得引入的室外空气的温度降低或升高。事实上，地道风技术的本质是空气-土壤热交换器，通过交换地层储存的自然界的冷能量及热能量，使得建筑物的空调负荷降低，使得室内的热环境得到改善。

20世纪70年代初期，地道风技术在我国开始逐渐得到应用。当时城市中大量闲置的防空洞、地道等人防设施引起暖通行业的关注，尝试通过将室外空气引入地道对其降温，再将处理后的空气送入影剧院、礼堂等人员集中的公共建筑，实现降温的目的。随后相关应用逐步发展到招待所、办公楼及工业建筑物的降温通风中，例如纺织厂、印刷厂、电子机械工厂的热车间及其他工业厂房。1984年，重庆工程学院魏庆娥、李惠凤通过对重庆地区影剧院应用地道风降温通风研究得出：当室外温度高于36℃，地道风降温通风可使观众厅内的空气温度为29~30℃，相对湿度为70%~75%，人在这样高于舒适性空调的室温下，仍有较好的舒适感，其效果与空调相接近。1985 年，城乡建设部建筑设计院金久炘通过对北京崇文区地下影剧院地道风降温进行实测评定得出：夏季室内温度在 25 ~ 27℃，相对湿度在 60% ~65%；冬季室内温度在 15 ~ 19℃，相对湿度在 46% ~ 53%，均处于舒适温度。2001 年，西北建筑工程学院郑爱平在对陕西省西安市光明电影院地道风降温实地考察后得出：影剧院夏季送风温度为 19 ~ 21℃，观众厅内温度维持在 26 ~ 28℃；即使最热月在观众满座的情况下，影院内的温度也未超过 30℃。2007 年，中国建筑设计研究院张亚立、关文吉、沙玉兰利用计算流体力学（CFD）软件模拟甘肃省敦煌博物馆自然通风系统方案设计进行计算得出：自然通风无法满足夏季高温天气时的室内舒适性，通过庭院中的地道引入温度较低的新风送入室内，降低室内温度，保证了室内舒适性。同年，同济大学季亮、谭洪卫对上海大礼堂空调系统应用地道风进行节能评价，最后经过实测得出结论：大礼堂空调系统中的新风经地道预处理后再进入空调机房，实际运行效果表明地道对室外新风具有明显的冷却作用。2011 年，在对敦煌莫高窟游客服务中心应用地道风空调系统进行设计计算时，计算结果表明服务中心内人员活动区室内温度为 23 ~ 29℃，PPD - PMV 指标表明，不满意率为 16. 43%，地道通风能达到给室内降温的目的。吉林省长春奥林匹克公园在设计规划上，公园内的所有场馆都没有集中空调，而是采用地道风降温技术。如果采用空调降温，一个夏季每平方米的费用就是 35 元，而地道风降温技术则将费用控制在每平方米 5 元左右，这将会大大地减少运行成本。

从上述研究可知，我国地道风技术多应用于人员密度较大的建筑，且多用于室内空间降温处理。从敦煌博物馆和长春奥林匹克公园等场馆设计和建设经验来看，地道风降温在大空间建筑中应用具有可行性。

通过建立结合空调系统的地道风系统，分析地道风性能系数的研究显示：地道风系统在环境温度较高的日间运行、环境温度较低的时间段及夜间关闭，空气经该系统冷却后能承担室内冷负荷。1993 年，学者通过搭建开式地道风系统分析地道风性能，通过对比空气在不同初始温度经系统处理后的出口温度发现，影响系统换热性能的主要因素有岩土温度、地埋管管径、地埋管管长、空气流速等。此外，若冬季使用该系统作为空气源热泵的低温热源，则空气源热泵制热能效比（COP）可提高。2001 年，日本学者通过对实际工程实测指出，土壤具有良好的蓄热能力，可以在很大程度上降低室内冷负荷和新风负荷，与传统的空调系统相比，地道风的应用可减少能源消耗 40MW，同时可减少目前碳排放和氮排放 1.2% ~2.3%，节约运行费用约 80 000 ~ 120 000 元/年。通过地道风实测发现，在以色列某地区室外温度 40℃的情况下，利用直径 0.2m、长 10m 的地埋管作为地道 - 空气换热器的地道风可为面积 $50m^2$ 建筑区域解决夏季冷负荷。

二、研究内容和研究方法

1. 研究内容

综合国内外地道风应用的研究，当前其中关于体育场馆的应用很少。虽然长春奥林匹克公园建设的体育场馆会用到地道风技术，但实际的降温效果和效益现在还不知晓。为了探究体育场馆应用地道风降温技术的可行性，在地道通风换热理论分析的基础上，以某体育馆为研究对象，以满足人体舒适为基本要求设计地道风系统方案，利用 Airpak 软件对体育馆进行数值模拟分析，得出地道风的降温效果及效益，为日后体育场馆应用地道风降温提供参考。

具体研究内容为，对地道通风换热的处理过程进行研究，结合地下土壤特性和气候特征，分析地道风在某地区应用的可行性。以某体育馆为例，利用 Airpak 软件对体育馆在夏季高温情况下进行模拟，分析体育馆内的气流组织现状，发现体育馆内夏季空气环境可能面临的问题。以满足人体舒适为标准，为体育馆进行地道风降温方案设计，包括地道长度、体育馆的气流组织，利用 Airpak 软件再次对体育馆进行模拟分析，分析体育馆的温度场和气流场，讨论地道风的降温效果。通过与常规空调系统的对比，分析地道风在体育馆应用中表现出的节能性和经济性，得出应用地道风降温的效益。

2. 研究方法

（1）文献法与理论分析

通过对相关文献研究，在地道通风换热机理的基础上，通过传热计算得出某地区地下土壤温度分布，并进一步对比某地区地下土壤温度分布与夏季气候特征，探究地道风应用的可行性。

(2) 数学法与数值模拟

在设计体育馆地道风系统时，运用数学法计算地道长度，地道出口温度等。利用 Airpak 软件对体育馆进行模型建立与边界条件设定，将相关计算结果作为参数输入软件，模拟计算体育馆内的温度场和气流组织状况。

第四节 地道通风换热的处理过程

一、空气流经地道的换热过程

地道通风换热是指利用机械送风或诱导式通风系统，使室外空气流经地道再送入室内，在空气经过地道时，如果地道壁面的温度低于进风的温度，那么空气将热量传递到地道壁面；如果地道壁面的温度高于进风的温度，那么地道壁面会将热量传递给空气。

在我国大多数地区，全年地下土壤温度稳定，夏季和冬季地下土壤温度无明显差异，地下人防工事、建筑地下空间、防空洞等构筑物的温度稳定在20℃左右。然而，室外环境空气状态在昼夜之间和一年四季都有明显变化，与地下土壤温度之间存在明显的差值，如夏季昼夜室外环境空气温度高于地下土壤温度，而冬季室外空气温度低于地下土壤温度。根据地道通风换热原理，地道风技术可以实现对室外进风的夏季降温和冬季升温的作用。

此外，空气流经地道时可能还存在复杂的湿处理过程。假定地道长度足够，夏季室外空气流经地道时，空气与地道壁面发生热质交换，空气的比焓和干球温度随空气地道的长度增加而下降，空气中的水分在地道壁面凝结析出，空气中的湿度减小。而冬季室外环境空气温度低于地道壁面初始温度，空气流经地道发生热质交换时，地道壁面会析出水分，空气的比焓和干球温度随空气地道的长度增加而上升，空气的含湿量也呈上升趋势。

从上述地道通风换热的处理过程可知，不同地区、不同季节地道风的作用效果与该地区土壤温度分布和室外环境空气状态密切相关。由于本研究只针对地道风在体育馆降温方面进行研究，下面我们将以西安市某体育馆为研究对象，重点讨论西安地区地下土壤温度分布和夏季气候特征，探究地道风在该地区应用的可行性。

二、地道传热模型概述

地道风系统传热过程是通过空气与地下埋管及周边土壤之间的热交换实现的，并且受到外界气象条件和系统实际运行情况影响。本研究通过研究空气通过地道时的冷却过程，采用合理的计算方法模拟土壤温度的变化特性，建立地道准三维传热模型，该模型由模拟地道降温过程的二维非稳态土壤传热模型和一维流体传热模型组成。

1. 地道壁体不稳定传热的微分方程式

当一个传热过程的温度场随时间的变化而变化时，这个传热过程为不稳定传热过程。通风、空调工程所遇到的建筑物围护结果的传热过程，多为不稳定传热过程。一个原因是空气温度及太阳辐射热对建筑物的影响均随时间的变化而改变。另一个原因是间歇使用及冷热负荷的变化。空气通过地道时的换热过程是进气温度随时间的变化而变化的，加上间歇运行制度，使得地道壁体传热的过程也是一个不稳定传热过程，即地道壁体及周围土壤的温度场也是随时间的变化而改变。

虽然对于浅埋地道而言，地道所在深度的地层原始温度 t_o 随时间变化而变化，整个地层本身的传热也是一个不稳定传热过程。但是，对于某一个计算时刻而言，地层原始温度 t_o 的变化不会很大，可以认为是定值而作为计算的基点。为了分析简便，先不考虑地道因自然透气而造成的透气附加温度 Δt_o。

当地道未开始通风时，地道内的空气温度及壁体温度均稳定于接近相同深度的地层原始温度 t_o。开始通风后，进入地道的热空气与地道壁面发生热交换，在靠近壁面处有较大的温度降低，壁面因受热而升温，由原来的 t_o 上升到 t_{b1}（$t_{b1} > t_o$）。壁面热流则向壁体深处传递到 O_1 点，其热影响厚度为 δ_{x1}。经过一段时间，壁面吸收的热量一部分继续向壁体深处传递，同时也因热量的蓄存而使部分壁体温度升高，壁面温度相应上升到 t_{b2}。空气与壁面的传热量也因温差的改变而适当调整，最后空气温度

稳定在 t_{b2}。这时的壁面热流已传递到 O_2 点，其热影响厚度为 δ_{x2}。

从上述分析可以看出，随着通风时间增长，热影响厚度 δ 会有所增加。同时，壁面温度 t_b 亦会有所增高，直到某一平衡状态为止。从中可以看出，一个不稳定传热过程，必然会伴随着物体的加热或冷却。在空气通过地道冷却时，随着空气温度降低，地道壁体却被加热了。并且热量因不能迅速传出而积存，导致地道壁体与壁面温度升高。

停止通风后，地道内静止的空气会因温度高于地道壁面而继续向地道传热，同时地道壁体却因继续向深层传热而逐渐降低温度。如此不断作用，逐步使空气温度接近于壁温，这就是通常所说的自然恢复能力。由于在整个换热过程中，热量由空气带入并传给壁面，然后向深处传递，热影响厚度 δ 亦不断增加，从而使地道能够维持某一稳定的冷却能力。因此，确定计算时间也是工程计算中需要慎重而优先解决的问题。计算时间确定得越准确，计算结果越接近于实际所要解决的问题，也就是空气通过地道冷却过程的问题。这就必然涉及地道壁体的传热计算。计算的目的是找出空气温度随时间变化的规律，并以此作为工程设计的依据。

2. 地道壁体导热的微分方程式

根据能量守恒定律和导热基本定律，地道壁体内任一点的温度随时间变化而变化的微分方程式可以由下述热平衡方程式导出：

导入壁体的热量 - 导出壁体的热量 = 壁体积存的热量

将上述热平衡方程式用于从壁体中分割出来的一个微元体（图 5 -2），即可导出壁体导热的微分方程式。

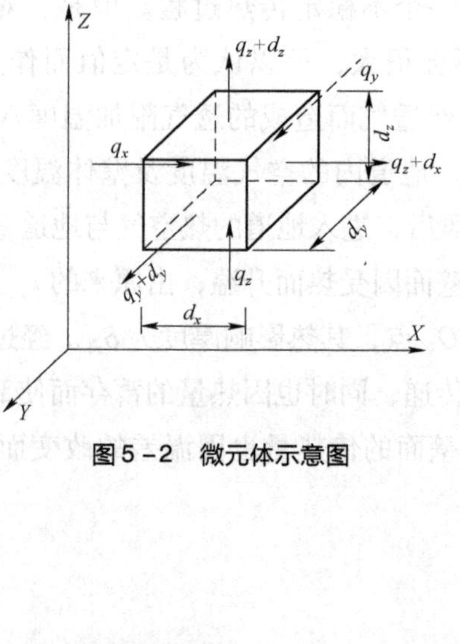

图 5 -2　微元体示意图

为了推导方便，假定壁体由单一的固体材料组成，材料在各个方向都具有同样的特性，其导热系数 λ、比热容 c、重度 γ 都是常数。分割出的微元体为平行六面体，边长分别为 dx、dy、dz，微元体的体积为 $du=dxdydz$。现分别沿 x、y、z 三个轴方向计算导热量。dF_x、dF_y、dF_z 分别为面体不同的面积。在 dt 的时间内，经过 dF_x、dF_y、dF_z 三个面导入的热量，按导热基本定律 $Q=-\lambda\frac{\partial t}{\partial n}F$，则在某一时间 τ 内的总导热量为：

$$Q=-\lambda\frac{\partial t}{\partial n}F\tau \tag{1}$$

根据上式可以列出微元体在 $d\tau$ 时间内沿三个方向的导热微分方程式。

$$dQ_x=-\lambda\frac{\partial t}{\partial x}dydzd\tau \quad (dF_x=dydz) \tag{2}$$

$$dQ_y=-\lambda\frac{\partial t}{\partial y}dxdzd\tau \quad (dF_y=dxdz) \tag{3}$$

$$dQ_z=-\lambda\frac{\partial t}{\partial z}dydxd\tau \quad (dF_z=dydx) \tag{4}$$

经过微元体后，通过微元体的另外三个面 dF_{x+dx}、dF_{y+dy}、dF_{z+dz} 导出的热量应为：

$$dQ_{x+dx}=-\lambda\frac{\partial}{\partial x}\left(t+-\lambda\frac{\partial t}{\partial x}dx\right)dydzd\tau \tag{5}$$

$$dQ_{y+dy}=-\lambda\frac{\partial}{\partial y}\left(t+-\lambda\frac{\partial t}{\partial y}dy\right)dydzd\tau \tag{6}$$

$$dQ_{z+dz}=-\lambda\frac{\partial}{\partial z}\left(t+-\lambda\frac{\partial t}{\partial z}dz\right)dxdyd\tau \tag{7}$$

沿 x 轴方向上微元体导入与导出的热量差额为：

$$\begin{aligned}dQ_x-dQ_{x+dx}&=-\lambda\frac{\partial t}{\partial x}dydzd\tau-\left[-\lambda\frac{\partial}{\partial x}\left(t+-\lambda\frac{\partial t}{\partial x}dx\right)dydzd\tau\right]\\&=\lambda\frac{\partial^2 t}{\partial x^2}dxdydzd\tau=\lambda\frac{\partial^2 t}{\partial x^2}dud\tau\end{aligned} \tag{8}$$

同样可得沿 y、z 轴方向的热量差额为：

$$dQ_y-dQ_{y+dy}=\lambda\frac{\partial^2 t}{\partial y^2}dud\tau \tag{9}$$

$$dQ_z - dQ_{z+dz} = \lambda \frac{\partial^2 t}{\partial z^2} du d\tau \qquad (10)$$

在 dx 时间内由微元体导入和导出的热量总差额即为三个方向差额之和。现以 dQ 表示在 $d\tau$ 时间内的热量总差额，为：

$$dQ = \lambda \left(\frac{\partial^2 t}{\partial x^2} + \frac{\partial^2 t}{\partial y^2} + \frac{\partial^2 t}{\partial z^2}\right) du d\tau \qquad (11)$$

根据能量守恒定律，因为微元体内没有其他的热源，所以总热量差额 dQ 就应当是微元体在 $d\tau$ 时间内储存的热量。

在 $d\tau$ 时间中，温度的变化度为 $\frac{\partial t}{\partial}$，而温度的总变化量为 $\frac{\partial t}{\partial \tau} d\tau$，并且由于壁体材料的比热容 c 和重度 γ 均为常数，因此微元体在 $d\tau$ 时间储存的热量为：

$$dQ = c\gamma \frac{\partial t}{\partial \tau} d\tau du \qquad (12)$$

根据能量平衡，公式（11）与（12）应相等，为：

$$c\gamma \frac{\partial t}{\partial \tau} d\tau du = \lambda \left(\frac{\partial^2 t}{\partial x^2} + \frac{\partial^2 t}{\partial y^2} + \frac{\partial^2 t}{\partial z^2}\right) d\tau du \qquad (13)$$

化简后可得：

$$\frac{\partial t}{\partial \tau} = \frac{\lambda}{c\gamma} \left(\frac{\partial^2 t}{\partial x^2} + \frac{\partial^2 t}{\partial y^2} + \frac{\partial^2 t}{\partial z^2}\right) \text{ 或 } \frac{\partial t}{\partial \tau} = \alpha \left(\frac{\partial^2 t}{\partial x^2} + \frac{\partial^2 t}{\partial y^2} + \frac{\partial^2 t}{\partial z^2}\right) \qquad (14)$$

式中，$\alpha = \frac{\lambda}{c\gamma}$，$\alpha$ 为壁体材料的导温系数。它说明物体在冷却或加热时各部分温度趋向一致的能力。

公式（14）称为傅立叶导热微分方程式。它描述了壁体内温度随时间和空间的变化关系，即物体内温度场的微分关系式，是不稳定传热计算的基础。

由于地道长度地道的直径要长得多，传热过程中土壤沿轴向的传热量很小，因而在本模型中忽略沿地道轴向土壤传热，将土壤沿地道轴向分解为多个互相绝热的土壤单元，如图 5－3 所示。土壤中温度场为沿径向的二维非稳态传热过程，传热方程如公式（15），α 为土壤的热扩散率（m^2/s）：

$$\frac{\partial t_s}{\partial \tau} = \alpha \left(\frac{\partial^2 t_s}{\partial x^2} + \frac{\partial^2 t_s}{\partial y^2}\right) \qquad (15)$$

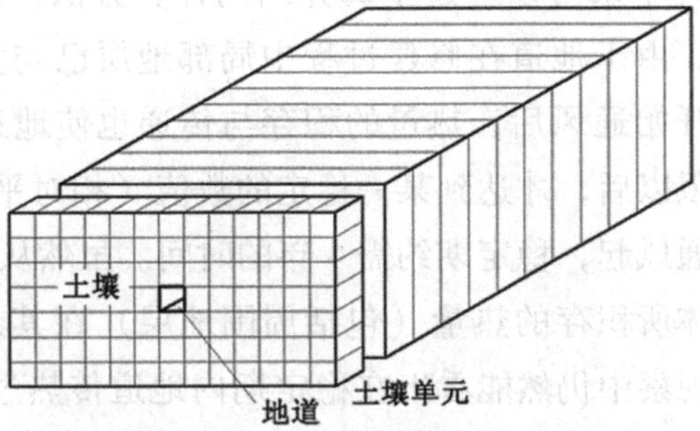

图 5－3　地道壁体土壤单元

3. 地道壁体导热过程的单值性条件

上述的傅立叶导热微分方程式公式（14）是根据一般的热量传导和能量守恒的规律导出的，是适用于固体导热的普遍关系式。如对这个微分方程式积分求解，它可以有无数个解，这些解就是数学上的通解。对具体工程和实际问题而言，数学通解并不能解决实际问题，因此，必须求出适合一定条件的数学特解。因此，对某一传热过程，必须列出说明这一过程的具体条件，我们称之为单值性条件。对地道壁体的导热过程，也必须列出能够说明这一导热情况的单值性条件。

不稳定传热过程的单值性条件主要包括以下 4 个方面的内容。

（1）几何条件：说明物体的形状、尺寸。

（2）物理条件：说明热过程中物体的物理性质，如比热容 c、重度 γ、导热系数 λ 等。

（3）时间条件：说明过程在时间上的特点。在不稳定传热过程中是指刚一开始时物体的温度分布情况，时间条件亦称初始条件。

（4）边界条件：说明物体边界上过程进行的特点，常遇到的边界条件有 3 类。

①给出壁面温度随时间变化的关系式，如土壤随时间变化的计算式。

②给出壁面热流量（常量或随时间的变化式）。

③给出流体温度及流体与固体表面间的放热系数 α。

实际工程中地道壁体的传热问题，其几何条件、物理条件一般均为已给出的已知数值。而初始条件及边界条件，却是一个难以处理的问题，在实际计算中均做了一定的简化。

地层的原始温度 t_0 本来可以通过本章介绍的计算方法，作为地道整个换热过程的初始条件。但是，由于地道在修建过程中局部地层已与大气相通，破坏了原来的温度场，并且自开始通风后，热量的积存与传递也使地道壁体的温度发生变化，直到使用一定年限以后，才达到某一稳定的数值（相对平衡的状态）。工程实测发现，地道自开始通风起，稳定期约需 4 年的时间。虽然从理论上分析，仅在夏季使用的地道，其壁体所积存的热量（包括周围地层）在其余 3 个季节中能够优于隔年积存，但实际观察中仍然能看出在稳定期内地道传热过程有较大的变化，4 年以后趋向稳定。对于间歇运行时初始条件的这一变化，目前也难于找出一个简便而准确的计算方法。因此经常以地层原始温度 t_0 作为初始条件，同时在计算中做一些必要的修正，如透气附加温度 Δt_o 即属此类。对于全年连续运行的地道的传热过程，另有计算方法，此处不再详述。

在地道风降温工程中，空气与地道的换热及地道壁体的导热是同时存在的。由于地道内空气温度 t_i 及地道壁面温度独立于通风时间之外，按自己的规律变化，在某一段计算时间内可以认为是一个定值。因此，通常以 t_o（或 t_{op}）作为计算的基准温度。

此外，在工程计算中，室外空气温度是按照某一保证率的要求，根据气象资料统计而定的数值［详见《工业建筑供暖通风与空气调节设计规范》（GB 50019—2015）］。不仅在一个月中每天的温度不同，一天中各时段气温也不相同。实际工程计算时不可能进行逐日逐时的复杂计算，所以只是按某一室外计算温度进行某一时刻的换热计算。只要能满足建筑物的使用要求，在计算中做必要的简化就是允许的。

4. 恒热流作用下半无限大物体的不稳定传热过程分析

地道可以被认为是一个无限长的圆柱体。为了研究无限长圆柱体的不稳定导热情况，我们需要先探讨一下比较简单的半无限大物体的不对称传热情况。

半无限大物体是指以 $y=0$ 处的一个大平面为边界，而在正 y 方向上伸展到无限远的物体。如地壳即可被视为是半无限大物体。半无限大物体在恒热作用下的不稳定传热过程的温度场是一维的，即温度变化只沿 y 轴方向变化，因为物体是半无限大及在 x、z 轴方向上无热量的传递。

根据傅立叶导热微分方程式公式（14），一维温度场的导热微分方程式可写为：

$$\frac{\partial t}{\partial \tau}=\alpha\,\frac{\partial^2 t}{\partial y^2} \tag{16}$$

如果以已知的 t_o 作为基准温度，并以 $\theta=t-t_o$，则公式（16）可改写为：

$$\frac{\partial \theta}{\partial \tau}=\alpha\,\frac{\partial^2 \theta}{\partial y^2} \tag{17}$$

这样，再加上初始条件和边界条件，就可以求出具体的温度。

我们先假定当 $\tau=0$ 时，半无限大物体处于均匀的温度场，即 $t=t_o$。那么，在任意点、任意时刻的过余温度 $\theta_{(y,t)}=t_{(y,v)}-t$ 式中，$t_{(y,x)}$ 表示任意点在任意时刻的温度。

根据初始条件，当 $\tau=0$ 时，$\theta_{(y,o)}=0$ （18）

又因为边界条件为恒热流作用，热流为常数，所以在 y 处的热量，按导热基本定律即为：

$$q_y=q_b=-\lambda\left(\frac{\partial \theta}{\partial y}\right)_b=\text{常数} \tag{19}$$

从公式（19）可以看出，由于 q、λ 均为常数，则边界上的温度梯度为$\frac{\partial \theta}{\partial y}$，亦为常数。

导热微分方程式公式（17），加上初始条件公式（18）及边界条件公式（19）就可以求解。经过数学运算后可得恒热流作用下半无限大物体内的温度场为：

$$\theta_{(y,\tau)}=\frac{2q}{\lambda}\left[\sqrt{\frac{\alpha\gamma}{\pi}}e^{-\frac{y^2}{4\alpha\gamma}}-\frac{y}{2}erfc\left(\frac{y}{2\sqrt{\alpha\tau}}\right)\right] \tag{20}$$

如令 $u=\frac{y}{2\sqrt{\alpha\tau}}$，则公式中：$erfc(u)=1-\frac{2}{\sqrt{\pi}}\int_0^u e^{-u}\,du$

$erfc$（u）称为高斯误差补函数。如 u 已知，则 $erfc$（u）值可在有关的数学手册上查到。

我们需要知道的是壁面温度及加热量 q 的数值。在公式（20）中，令 $y=0$，则可求得半无限大物体在恒热流作用的壁面温度为：

$$\theta_{(b,\tau)}=\frac{2q}{\lambda}\sqrt{\frac{\alpha\tau}{\pi}} \tag{21}$$

$$t_{(b,\tau)} - t_0 = \frac{2q}{\lambda}\sqrt{\frac{\alpha\tau}{\pi}} \tag{22}$$

由于 t_o 已知，所以当 q 已知时，即可求出 $t_{(b,\tau)}$ 的数值。反之，若已知 t（b，τ），亦可求出热流量 q 为：

$$q = \frac{\theta_{(b,\tau)}}{\frac{2}{\lambda}\sqrt{\frac{\alpha\tau}{\pi}}} = \frac{t_{(b,\tau)} - t_0}{1.13\frac{\sqrt{\alpha\tau}}{\pi}} \tag{23}$$

公式中：$1.13 = \frac{2}{\sqrt{\pi}}$

在平壁稳定传热过程中，热流量 $q = \frac{t_{b1} - t_{b2}}{\frac{\delta}{\lambda}}$，此公式与公式（23）比较，可以认为公式（23）中的 $1.13\sqrt{\alpha\tau}$，即相当于平壁稳定传热中的壁厚 δ，为了理解方便，我们可以把半无限大物体在恒热流作用时的传热，看成是具有当量厚度 $\delta_x = 1.13\sqrt{\alpha\tau}$ 的平壁传热，而采用与稳定平壁导热相同的处理方式。但应特别注意的是，不稳定传热过程中的当量厚度 δ_x 并不是常数，而是随加热时间的变化而变化的。也就是说，对应不同的加热计算时间，应有不同的当量厚度 δ_x。

在实际工程中，由于壁温比空气温度难于测量，而且有时并不需要了解壁温的数值，但需要知道空气的温度。为此，可以用空气温度代替壁温，即以 $t_i - t_o$ 代替 $t_b - t_o$。

根据热平衡，通过壁面的热流量也可用牛顿冷却公式写出，即对流换热的基本公式：$q = \alpha\ (t_i - t_b)$

所以，$t_b = t_i - q\frac{1}{\alpha}$ （24）

将公式（24）代入公式（22），整理可得

$$q = \frac{t_i - t_o}{\frac{1}{\alpha} + 1.13\frac{\sqrt{\alpha\tau}}{\lambda}} \tag{25}$$

由公式（25）可以看出，也相当于稳定壁面传热中的热阻 R。并且由于传热系数 $K = \frac{1}{R}$，所以公式（25）可改写为：

$$q = K\ (t_i - t_o) \tag{26}$$

$$K = \frac{1}{\frac{1}{\alpha} + 1.13\frac{\sqrt{\alpha\tau}}{\lambda}} \tag{27}$$

K 为半无限大物体在恒热流作用下的不稳定传热过程的传热导数，虽然其名称与稳定平壁传热相同，但在不稳定传热过程，传热系数 K 是随加热时间 τ 的变化而变化的。在不稳定传热过程计算中，显然需要先求出传热系数 K 值，然后才能相应的求出空气温度 t_i 或热流量 q。

在 K 值计算公式（27）中，放热系数 α 可根据气体流动的情况求出。当工程条件一定时，λ 为物体材料的导热系数，α 为材料的导温系数，$\alpha = \frac{\lambda}{c\gamma}$，$c$、$\gamma$ 为材料的比热容和重度，以上均为已知数值。这样，传热即成为加热时间 τ 的单值函数。当确定了某一计算时刻 τ 值后，即可求得相应的 K 值，然后就可以根据公式（26）$q = K\ (t_i - t_o)$ 或 $Q = KF\ (t_i - t_o)$ 进行计算。

5. 无限长圆柱体的传热计算

对于无限长圆柱体在恒热流作用下的不稳定传热过程，可由初始条件、边界条件及导热微分方程式进行积分求解，但计算往往相当烦琐。作为一般工程计算，为简便起见，均在前述的半无限大物体的计算基础上引入一个形状修正系数 β。无限长圆柱体的传热系数 K、热流量 q、总热量 Q 及当量厚度（或称热影响厚度）δ_x 的计算式列出如下。

$$K = \frac{1}{\frac{1}{\alpha} + \frac{1.13\sqrt{\alpha\tau}}{\beta\lambda}} \tag{28}$$

$$q = K\ (t_i - t_o) \tag{29}$$

$$Q = K \cdot F\ (t_i - t_o) \tag{30}$$

$$\delta_x = \frac{1.13\sqrt{\alpha\tau}}{\beta} \tag{31}$$

对于长地道，形状修正系数 β 为：

$$\beta = 1 + 0.76\frac{\pi}{U}\sqrt{\alpha\tau} \tag{32}$$

公式中，U 为地道横断面周界长度（m）。

上述计算公式（28）（29）（30）及（32）是当地道内空气温度 t_i 为一定值时空气与地道换热的计算公式，可以用于地道的加热升温及其他计算。

当地道内空气温度不同但为规则变化时，可用某一平均温度代替上式中的 t_i，即以算术平均温差或对数平均温度 $\triangle t_m$ 代替上式中的 $\triangle t = t_i - t_o$，就可以用于连续运行时空气与地道的换热计算。

（1）计算地道形状修正系数 β［公式（32）］。

（2）计算传热系数 K［公式（28）］。

（3）求对数平均温差 Δt_m。

$$\Delta t_m = \frac{\Delta t' - \Delta t''}{\ln \dfrac{\Delta t'}{\Delta t''}}$$

（4）求总换热量 Q［公式（30）］。

如果地道的被覆层或被覆材料与周围地层材料的热工性能差别很大，则需核当量厚度（热影响厚度）δ_x 的大小。如果 δ_a 与地道被覆层厚度 δ 数值相近时，计算中用被覆材料的小 α 数值即可，如果 δ_x 比 δ 大很多，则需分层计算，外联主方程式求解。但是当 $\dfrac{\delta}{\delta_x}$ 数值较小时，可以按地道被覆层以外的地层材料的 λ、α 数值进行计算。

6. 能量守恒微分方程式

为了简化计算，令地道断面的流速分布为均匀分布，将流动近似为一维流动，如图 5 -4 所示。管道内某一段空气为控制体，根据控制体内能量守恒，得微分方程式公式（33），t 为地道内空气温度，V 为控制体体积，G 为地道内空气流量，h 为壁面对流换热系数，F 为控制体内空气与壁面的接触面积，t_s 为壁面温度。

$$Vc_p\rho_{air}\frac{\partial t}{\partial \tau} = Gc_p\frac{\partial t}{\partial x} + hF\ (t_s - t) \tag{33}$$

边界条件：网格除了上边界为地表面，其他外边界均为土壤。边界距离地道埋管足够远，埋管对边界温度影响可以忽略，因而边界温度为该处地层的原始温度。

7. 土壤原始温度计算模型

地下土壤有深层和浅层的区别，目前地道风降温工程所用的地道多数浅埋于地下构筑物。浅层土壤温度的变化，主要取决于地表面温度的变化。随着土壤深

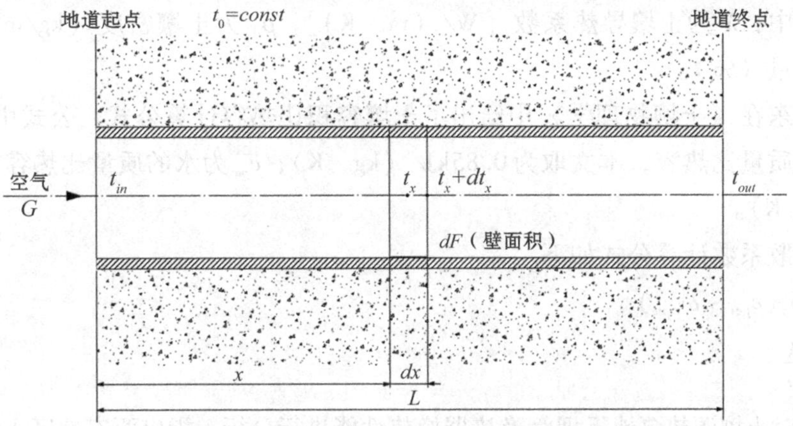

图 5-4　计算模型网格划分及一维流体传热模型

度的增加，温度波的波幅衰减越大，并且温度波的峰值也随着也随着土壤深度的变化而延迟出现。

浅层土壤温度随土壤深度和时间的变化，可按公式（34）计算。

$$t_0 = t_d + A_d e^{-\gamma\sqrt{\frac{\Omega}{2\alpha}}} cos\left(\Omega\tau - \gamma\sqrt{\frac{\Omega}{2\alpha}}\right) \tag{34}$$

公式中：t_0 为土壤某一深度在某一时刻的原始温度（℃），t_d 为土壤地表面年平均温度（℃），A_d 为土壤表面温度波幅（℃），τ 为从地表面年波幅出现算起的时间（h），γ 为土壤的垂直深度（m），Ω 为温度波的波动频率（rad/h），α 为土壤的热扩散系数（m^2/h），λ 为土壤导热系数［kcal/（kg·℃）］，γ 为土壤的比重［kg/m^3］。

8. 地下土壤温度分布

根据现有观测数据，某地区地表年平均温度 t_d = 15.7℃，年周期性温度波幅 A_d = 14.8℃。此外，土壤热物性是决定地下土壤温度分布的重要因素。土壤热物性参数决定了土壤的传热性能，这些参数主要包括导热系数 λ、比热容 c、热扩散率等，不同土壤的比热容、导热系数差异很大。

某地区为湿陷性黄土，黄土的导热系数受土体含水量的影响较大。王铁行对西部地区浅层黄土的组成及物理特性进行了研究，给出了由土壤含水量和密度确定的黄土（湿陷性黄土）导热系数 λ 的关系式。

$$\lambda = (4.17\omega^2 + 1\,504)10^{0.00025\rho_d - 3.9} \tag{35}$$

公式中：λ 为土壤导热系数［W/（m·K)］，ρ_d 为土壤密度（kg/m^3），ω 为土壤含水量（%）。

秦耀东在《土壤物理学》中给出了土壤容积比热容计算公式，公式中 c_{pas} 为一般矿物质质量比热容，本文取为0.85kJ/（kg·K)；c_{pw} 为水的质量比热容，单位为kJ/（kg·K)。

热扩散系数计算公式如下。

$$c_v = \rho_d(c_{pas} + \omega c_{pw}) \tag{36}$$

$$\alpha = \frac{\lambda}{\rho c} \tag{37}$$

陈萌对土壤源热泵地下埋管换热器换热性能进行分析，指出西安地区土壤含水量为20%，密度为1 857kg/m^3。综合上述公式计算可得出，λ 为1.186W/(m·K)，c 为1.61kJ/（kg·K)，α 为0.001 43m^2/h。按公式（37）计算某地下土壤深度分别为0m、2m、4m、5m、6m、8m及10m的初始温度，其全年变化趋势如图5－5所示。

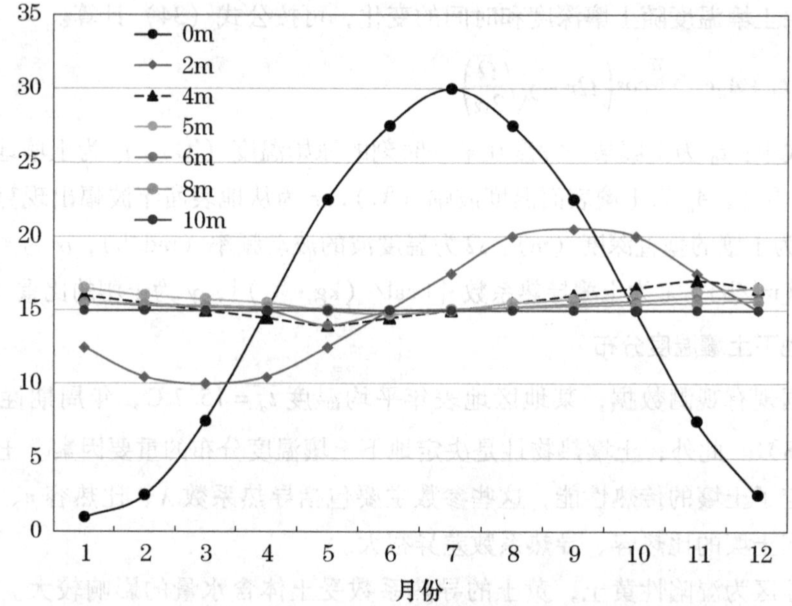

图5－5　一年内西安不同深度土壤温度的变化

随土壤深度增加，地下土壤温度波动幅度逐渐减小，当深度到达4m时，温度波幅缩小约为3℃，为地表温度年周期波动幅度的20%；当深度到达5m时，温度波幅缩小约为1℃，为地表温度年周期波动幅度的6%；当深度增加到6m及以上时，温度波动已不明显，其温度已趋于稳定。除温度波动随土壤深度增加逐渐衰减外，其波峰值也随土壤深度增加逐渐滞后，土壤最高温度逐渐与地表最高温度错开，有利于利用土壤原始温度改变室外空气温度。

综上所述，当土壤深度到达地下6m以后，西安地区地下土壤温度全年稳定，土壤温度在15~15.5℃，且滞后地表温度约3 370h，本研究以此为基础分析该地区地道通风换热温差。

9. 西安气象特征

西安属于暖温带大陆性季风气候，冬季有供暖要求，夏季有防热降温要求，建筑能耗较大。分析典型气象年逐时气象参数表可知，该地区最热月份为7月、8月，平均气温达到26.6~26.7℃，6月的平均温度较7月、8月低一些，但也达到25℃；最冷月份为12月、1月、2月，平均气温为-0.4~0.9℃。同时，考虑暖通空调系统设计计算需要，文献中就西安的夏季和冬季室外气象参数提供了相关数据给予参考，如表5-4所示。当土壤深度到达地下6m以后，温度在15.0~15.5℃，比夏季空气调节室外计算日平均温度低15℃左右，比冬季空气调节室外计算日平均温度高20℃左右，依靠土壤和室外空气之间这样的温差，利用地下土壤作为冷热源对建筑物有很好的降温（升温）作用。由于此处主要研究地道风降温技术在体育场馆中的应用，故对地道风升温技术暂不做深入讨论。

表5-4 西安设计用室外气象参数（部分）

参数名称	参数值
夏季通风室外计算温度/℃	30.7
夏季通风室外计算相对湿度/%	54.0
夏季空气调节室外计算干球温度/℃	35.1
夏季空气调节室外计算湿球温度/℃	25.8
夏季空气调节室外计算日平均温度/℃	30.7
夏季室外平均风速/（m/s）	1.6

续表

参数名称	参数值
夏季室外大气压/Pa	95 707. 0
冬季采暖室外计算温度/℃	-3. 2
冬季通风室外计算温度/℃	-4. 0
冬季通风室外计算相对湿度/%	66. 0
冬季空气调节室外计算日平均温度/℃	-5. 6
冬季室外平均风速/（m/s）	0. 9
冬季室外大气压/Pa	98 097. 0
年最多风向	北东

通过分析地道通风换热机理，计算西安地下土壤温度分布，得出该地的地下土壤深度到达地下 6m 以后，某地区地下土壤温度全年稳定，土壤温度在 15 ~15. 5℃。根据相关文献数据参考，该深度下的土壤温度低于某地区夏季空气调节室外计算温度 15℃左右，温差效果明显。地道风降温技术在西安应用具有一定的可行性。

第五节　地道风降温效益分析

一、空调系统与地道风系统成本对比

1. 空调系统成本预算

大空间场馆空调面积约为 3 400m²，参考资料提供的空调工程造价估算表如表 5 -5 所示，以空调建筑面积每平方米 380 元估算空调工程造价，大空间场馆应用空调系统的造价约为 129. 2 万元。

表 5-5　以楼宇空调建筑面积估算空调造价

建筑面积/m^2	经济指标（元/m^2）	其中各部位所占比重		
		主机房部分	风机盘管部分	新（通）风空调部分
≤500	450~600	50.0%~60.0%	25.0%~30.0%	16.0%~21.0%
501~2 500	420~570	47.5%~55.0%	30.0%~35.0%	15.5%~20.0%
2501~10 000	380~540	45.0%~50.0%	37.0%~39.0%	15.5%~18.5%
>10 000	350~500	40.0%~45.0%	38.0%~41.0%	16.5%~19.5%

2. 地道风系统成本预算

根据大空间场馆建筑负荷设计的地道送风系统方案，降温通道长为 470m，通道尺寸为 1.6m×2.0m，地埋深度为 6m（降温通道中心）。通过查询西安相关定额、厂商间比价、咨询相关工程造价人员获知土石方工程价格、混凝土工程价格、设备材料价格、人工费用，对大空间场馆地道风系统进行初步投资金额计算结果约为 165.5 万元，费用见表 5-6 所示。

表 5-6　大空间场馆地道风系统成本预算

费用名称	单位	单价/元	数量	合价/元
土石方工程	m^3	25.00	14 100.00	352 500.00
降温通道工程	m^2	320.00	3 384.00	1 082 880.00
风机	台	6 000.00	2.00	12 000.00
其他材料费用	m^2	100.00	500.00	50 000.00
人工费用	m^2	45.00	3 500.00	157 500.00
合计				1 654 880.00

二、节能效益评估

耗电量是评价空调系统和地道风节能最直观的依据。

假定空调系统每天从早上 8 点运行到晚上 10 点，即每天运行时间为 14h，空调制冷能效按二级能效计算（平均能效为 3.2），即空调系统每小时耗电量约为

55kW·h，每天耗电量约为770kW·h。大空间场馆需要的送风量为39 200m³/h，假定地道风系统选用由某风机有限公司出产的FRP玻璃钢7.5A－4P型号离心风机2台，风机风量为11 000～23 000m³/h，每台电机功率为11kW，即地道风系统电力负荷为22kW，每小时耗电量为22kW，运行时间和空调时间相同，每天耗电量约为308度（kW·h），比空调系统节省60%的电量。

三、经济效益评估

地道风系统相对空调系统运行电耗显著降低，在此基础上选择适宜的经济性评价指标进一步讨论地道风系统的经济效益。

常用的经济性指标有偿还年限法（静态投资回收期、动态投资回收期）、年计算费用、寿命周期费用和净现值等方法。其中，静态投资回收期的意义清晰、直观、计算简单，能直观反映地道风系统的经济效益，故选择偿还年限法计算地道风系统相对空调系统的静态投资回收期。计算公式如下。

系统初投资增加：

$$\Delta K = K_e - K_c \tag{38}$$

式中：ΔK 为地道风系统初投资增加费用（万元）；K_e 为地道风系统初投资（万元）；K_c 为空调系统初投资（万元）。

系统运行费用下降：

$$\Delta R = R_e - R_c \tag{39}$$

式中：ΔR 为地道风系统运行减少费用（万元/年）；R_e 空调系统运行费用（万元/年）；R_c 为地道风系统运行费用（万元/年）。

静态投资回收期计算公式：

$$\mathrm{P_t} = \frac{\Delta \mathrm{K}}{\Delta \mathrm{R}} \tag{40}$$

空调系统投资成本预算为129.2万元，地道风系统成本预算约为165.5万元。

按照2018年《陕西电网销售电价表》，西安市商业用户电价为1.1元/（kW·h），空调年使用时间按120天计算，则空调系统的耗电费用为101 640元，地道风系统耗电费用为40 656元，地道风系统相对空调系统年耗电费用节省约6.1万元。按公式（41）计算，地道风系统静态投资回收期为5.95年。

相对空调系统，地道风系统虽然增加了系统初期投资，但能有效降低日常运行中60%耗电量。选择偿还年限法作为经济性评价方法计算地道风系统相对空调系统的静态投资回收期，可以得出结论：与空调系统相比，大空间场馆应用地道风系统能在其使用期限内收回增加的成本。

第六章 地道风降温的气流组织与模拟

空调设备是如今最普遍的降温设施，但在体育场馆中，因为空间大、功能分区多、垂直送风难度大等特点，造成了体育场馆空调设备设计难度大、能耗高等现状。这就直接导致了场馆空调系统设计成本高，运行费用大。在场馆运行过程中，空调设备的使用费用在场馆运营总费用中占较大的比例。探索更加经济的生态降温措施对于场馆可持续健康运营有着重要的影响。

需要关注的人工制冷空调对环境的影响包括直接影响和间接影响两个方面：直接影响是空调制冷剂对环境的破坏；间接影响是由能量消耗中燃料的燃烧产物引起的。人工制冷空调对环境的影响还可以分为对全球环境的影响和对区域环境的影响：对全球环境的影响包括工质泄露对大气臭氧层的损耗作用和所消耗的能量生产中排放的二氧化碳引起的全球变暖；对区域环境的影响包括在能量生产过程产生的粉尘、SO_2 和 NO_x 等带来的污染。

随着空调系统和制冷设备的大量使用，空调能耗高也已成为引人瞩目的问题。目前发达国家的空调用电已占其总耗电量的30%以上，我国上海市夏季空调耗电也已达总耗电量的20% ~30%，而且空调耗电量还在逐年增加。

为此，以生态的角度降低能耗，结合自然合理利用可再生生态资源，做到零排放为原则，探索研究更加生态的降温模式以提高场馆的生态性。

第一节 体育馆常见的气流组织形式

气流组织设计是空调系统设计的关键，对于地道风降温系统也是如此。体育馆常见的气流组织形式主要有上送下回、下送上回、侧送下回和分区送风等。

一、上送下回

上送下回的送风方式是指空气由上而下送至人员逗留场所，与下回风结合或侧回风结合，可把处理好的空气均匀送到各个部位，以满足其空调要求。上送下回式送风是一种非常常见的送风方式，最大的缺点是空调区域既包括有人员逗留的地面以上2.5m以内的区域，也包括2.5m及以上至建筑顶部的无人员逗留空间，冷（热）负荷很大，是最耗费能源的方式。上送下回主要有散流器上送风、旋流风口上送风、喷口上送风、条缝或孔板上送风等方式。

二、下送上回

下送上回的送风方式是一种节能型气流组织形式，在我国新型建筑、等级较高且人员较多的场所得到迅速应用。这种送风方式将无人员逗留的上部空间剔除在空气调节范围之外，避免了将灯光散热、屋顶辐射热的对流部分带入空调区域，使送风量大大减少，从而节省设备初投资费用及运行费用。这种送风方式的缺点是送风风口形式复杂，数量多，运行管理难度较大。下送上回主要有座椅送风和地面送风两种方式，其中座椅送风方式还可以分为椅背送风和椅脚送风两种方式。

三、侧送下回

侧送下回式气流组织方案常被应用于大空间建筑中。这种送风方式，一种是将送风口安装在建筑物四周侧墙上部，根据建筑物体形设置送风口；另一种是将送风口设置在中间或均匀分布于建筑物部分中间轴线，由此向四周送风。回风口一般设于侧面或地面。侧送风方式主要有喷口侧送和百叶风口侧送，喷口侧送包括单排喷口侧送和双排喷口（远程和近程）侧送，百叶风口侧送主要有由四周向中心送风及由中心向四周侧送。这种送风方式的缺点是如果送风温差大、射流长，就会造成冷风下降或热风上浮现象，与人体要求的“脚暖头凉”才舒适的感觉相悖。

四、分区送风

目前，许多综合体育馆采用分区送风的方式。分区送风就是把体育馆内的比赛区域和观众席区域分开，分别送风。观众席区域也可以分成若干送风区域。在每个送风区域，采用统一的送风方式或合用不同的送风方式，以适应各区域不同的要求，达到最佳的气流组织效果。

第二节　场馆应用地道风模拟建模

一、Airpak 软件简介

Airpak 是面向工程师、建筑师和室内设计师等专业领域工程师编制的专业人工环境系统分析软件，暖通领域同样适用。它可以精确地模拟研究对象内的空气流动、传热和污染等物理现象，可以准确地模拟通风系统的空气流动、空气品质、传热、污染和舒适度等问题，并依照 ISO 7730 提供舒适度、PMV（预测平均热感觉）、PPD（预测不满意百分率）等衡量室内空气质量的技术指标，利于减少设计成本，降低设计风险，缩短设计周期，已在住宅通风、矿井通风、教育设施、医疗设施、总装厂房、运动场等多个领域广泛应用。

Airpak 在大空间建筑中应用具有很大优势，特别是对气流组织和舒适度要求较高的体育场馆。传统设计手段很难对体育场馆不同气流组织方案进行准确评价，计算机技术的发展为解决这一难题提供了可能。Airpak 强大的后处理和完善的数据报告功能能够对体育场馆气流组织方案提供直观的评价也能够直接计算场馆空间各个点的 PMV 和 PPD，直接显现体育场馆内的舒适度分布情况。就场馆中的比赛场地而言，对风速有严格的控制标准，Airpak 同样能够准确地模拟计算出比赛场地的气流场速度。本章将以某体育馆为模拟对象，通过参考相关文献和对 Airpak 模拟软件的学习，对当前体育馆的气流组织和体育馆应用地道风降温方案设计进行模拟分析。

根据上述不同送风方式的特点，结合大空间场馆日常多用于运动训练和教学的使用功能，人的活动区主要是在距地面2m以内的空间中，只要能使这一空间具有良好的降温效果，上部空间即使温度稍高一些也影响不大，因此在应用地道风降温技术时，下送上回这种气流组织形式最具有效性和节能性。此外，在对某体育馆实地调研时了解到，体育馆观众席区域采用座椅下送上回气流组织方式进行夏季降温效果较好，如图6－1所示。对该场馆比赛使用期间观众热环境满意度进行调查，得到80%以上的满意度，即多数观众在观看比赛时感到舒适。利用Airpak对观众席区域进行气流组织模拟，计算结果如表6－1所示，看台座席上空1米以下即观众观看比赛时活动区域，空调送风温度为21℃，风速为0.2m/s，人均新风量为15m^3/h，观众座席1 000个座位，看台观众活动区域温度低于26℃，风速不超过0.16m/s，人员观看比赛时无吹风感，PMV值介于0和1之间，人员观看比赛时热感觉处于适中或微暖，人员不满意度低于18%，即82%以上的人员对观众席的热环境感到满意，与从管理者所了解的情况一致。

图6－1　某场馆观众席区域气流组织方式

观众席下送风方式大大降低了观众席空气调节的能耗，与传统的上送风相比，在同等控制区域平面下送风空间大幅减少，同时送风口靠近观众冷量衰减少，送风效率更高。因此，研究利用Airpak对场馆观众席模型进行网格划分，通过Fluent软件模拟计算出场馆下送风条件下的气流组织状况，如温度、风速、PMV、PPD等。Airpak软件的后处理功能将各项数值的分布情况清晰描绘出来，方便对结果进行分析。从PMV计算结果可以看出，温度处在24～25℃，体感风速也较低，PMV

值在0.6~0.9，人体热感觉介于舒适区间。从PPD计算结果来看，PPD值低于20%，下部区域低于11%，这一结果表明，至多有15%的人对这样的热环境不满意，场馆观众席整体人员满意率大于85%。

表6-1 观众席区域气流组织模拟计算结果

结果类型	标尺	结果分布图
温度	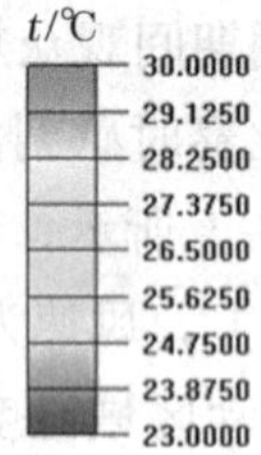	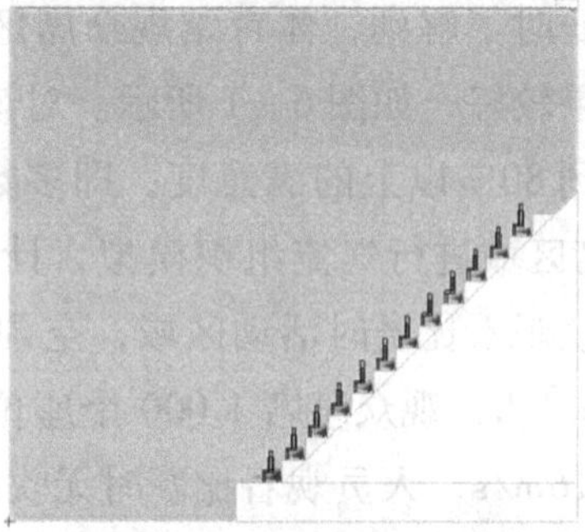
风速	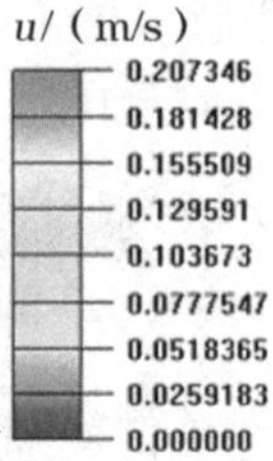	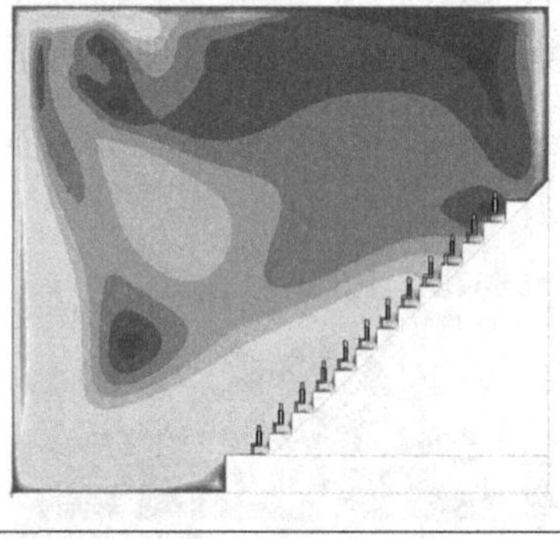
PMV	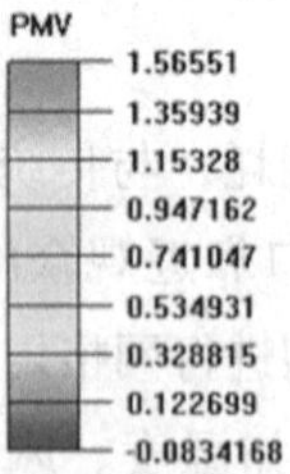	

续表

结果类型	标尺	结果分布图
PPD	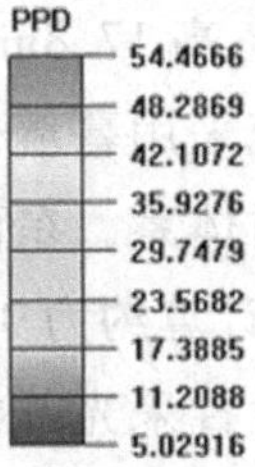	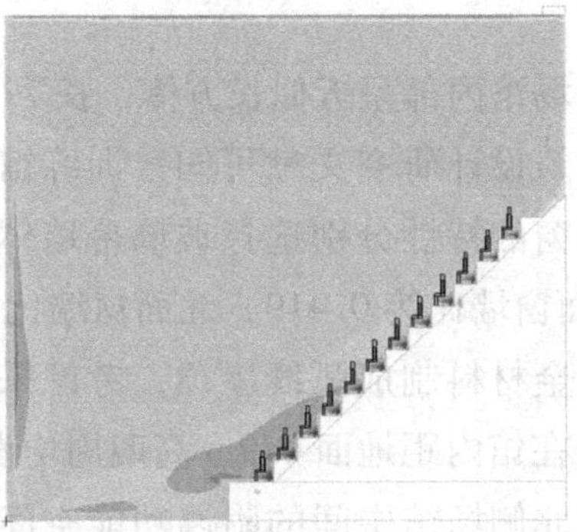

Airpak 软件强大的后处理功能将各项数值的分布情况清晰描绘出来，方便对结果进行分析。与前面实际测试对比，得出模拟是准确的，场馆观众席区域采用座椅下送上回气流组织方式夏季降温效果较好，观众的舒适感也较好。

二、体育馆建筑形式

作为研究对象的体育馆总建筑面积为 9 303. 9m^2，建筑基底面积为 5 465. 36m^2。场馆位于校区主入口的西北部，南北纵向长为 69. 4m，东西横向长为 78m，建筑高度为 20. 36m。大空间场馆设置在体育馆南侧，包括 2 块篮球场地和 2 块网球场地。训练教室及小型场地设置在体育馆北侧，建筑层数 3 层，包括乒乓球、羽毛球、武术、健美操等教学用房及洗浴室、卫生间、器材室、医护室、值班室等辅助用房。体育馆可满足学生运动训练、教学、活动等使用，由于校区地处郊区，周边配套设施没有市区齐全，体育馆对满足周边居民运动的需求具有一定的补充作用。在体育馆的东侧有大片空地尚未开发利用，可以用来深挖预埋地道，构造地道风降温系统。

三、体育馆内气流组织建模

大空间场馆内部呈近似长方体，长79.2m，宽43m，高17.8m。根据曹维关于某训练馆建筑设计研究文献可知：训练馆主体墙面系统采用幕墙体系，针对训练馆墙体及门窗的特性分别选择玻璃幕墙体系及干挂石材体系，东西两侧窗墙比为0.386，南面窗墙比为0.419，北面窗墙比没有说明，经计算约为0.3；屋面系统采用铝镁锰合金材料制成弧线屋顶，考虑采光，在屋顶设置采光开窗，天窗面积为308.88m^2；在馆内距地面0.9m高四周均设有侧窗，屋面系统南面设有侧窗，介于南侧场馆和北侧场馆中间的附属功能空间，在其中间设置天井，这些措施保证了场馆的通风条件。此外，为保证大空间场馆场地的排风换气，在场馆东西两侧，每侧每隔1跨设置1个排气扇，各设置5个。平时使用时可以不开启换气扇，当有重要训练或比赛时，根据场地需求可以单独开启不同数量的换气扇保证通风。场馆上方共安装81盏400W灯具，当场馆处于夜间使用时，这些灯具将会在场馆上方产生大量的热量。

综合上述，下面对大空间场馆在进行几何模型建立过程中所涉及的简化内容、边界条件及建模思路进行阐述。

1. 简化内容

（1）将场馆弧线屋顶简化为平屋顶。

（2）场馆围护结构均简化为平面。

（3）场馆上方的灯具用功率相同的模型代替并均匀分布。

2. 边界条件

利用温度测量仪对大空间场馆围护结构内侧温度进行实测，实测结果如表6－2所示。从表6－2中可以看出，体育馆四周围护结构表面温度温差不是很大，所以可以对体育馆进行进一步简化，简化后四周围护结构温度均值为29℃，地面温度为27.1℃，屋顶温度为31.5℃。

表6-2 大空间场馆围护结构内侧温度

围护结构	东面		南面		西面		北面		地面	屋顶
	墙	窗	墙	窗	墙	窗	墙	窗		
温度/℃	28.8	29.8	29	30.1	28.5	29.2	28.3	28.9	27.1	31.5

3. 建模思路

夏季空调室外计算温度为30.7℃。西北某地区夏季室外平均风速1.6m/s，风向多为北风和东风，由于场馆北面与附属空间连接，通风效果受到影响，故此次模拟环境风向设定为东风。在建立模型（图6-2）过程中，为保证场馆最佳通风状态，场馆东西两侧排气扇设置为全部工作状态。场馆屋面挑檐对屋面系统侧面具有遮阳和拔风作用，在模拟过程中南面侧窗设定为全部开放状态，以提高场馆通风效率。馆内东、西、南三个方向距地面0.9m高的侧窗及各入口大门也全部设定为开放状态，北面将两侧的门及与竖井相通的窗体设定为开放状态，增加馆内空气对流。

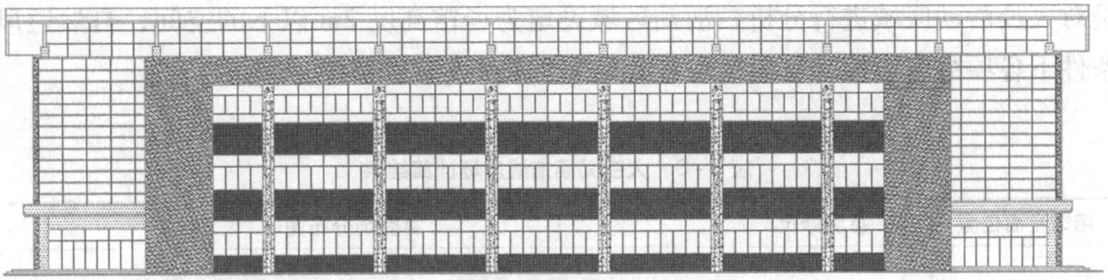

图6-2 大空间场馆夏季自然通风模型

利用Airpak对图6-2模型进行网格划分，结果如图6-3所示，再通过Fluent模拟计算出场馆自然通风条件下的空气组织状况，如温度、风速、PMV、PPD等。Airpak可以将各项数值的分布情况清晰描绘出来，方便对结果进行分析。

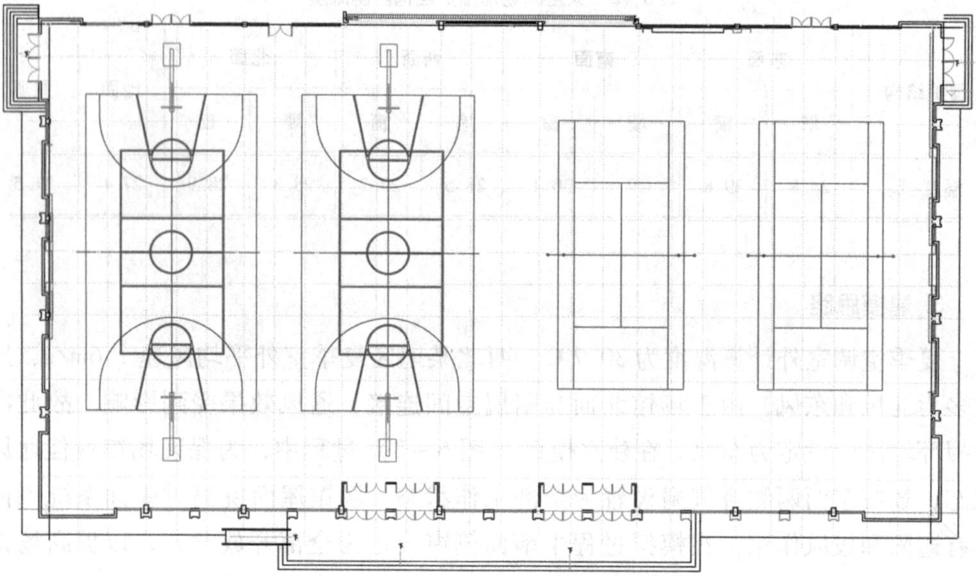

图6－3　网格划分　(Z=2m)

大空间场馆日常多用于运动人群运动训练和教学使用，对模拟结果分析主要是对人员活动区域进行分析，活动区域设定为场馆高度 2m 以下的空间，自然通风条件下各项数值模拟计算出的可视化结果如表 6－3 和表 6－4 所示。

表6－3　大空间场馆温度场计算结果

场馆平面位置	温度标尺	温度场分布图
Z = 0.5m	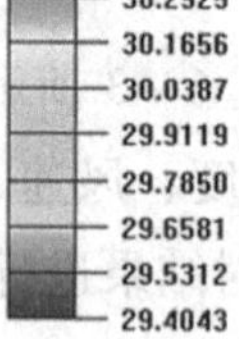	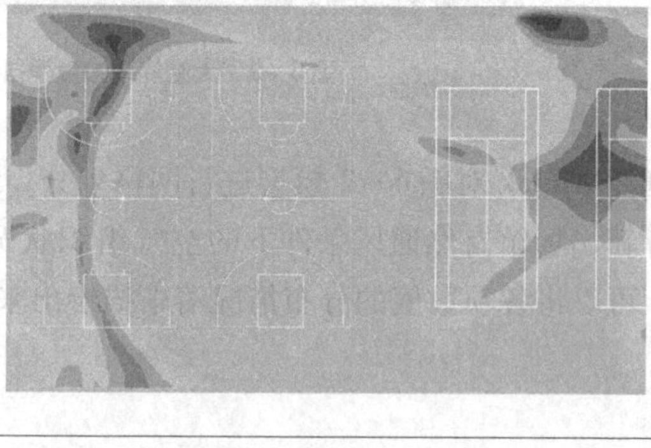

续表

场馆平面位置	温度标尺	温度场分布图
$Z=1\text{m}$	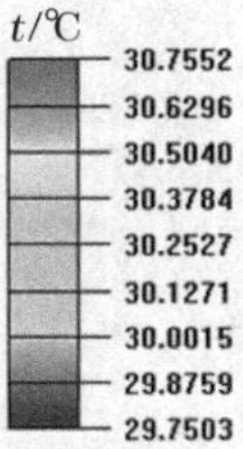	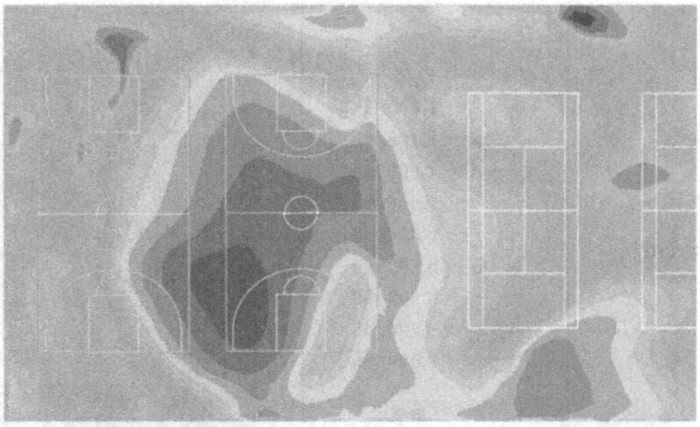
$Z=1.5\text{m}$	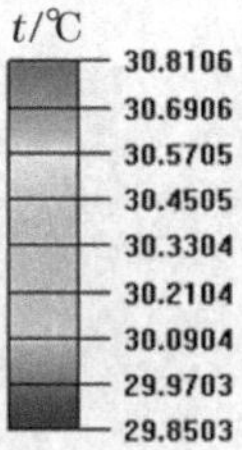	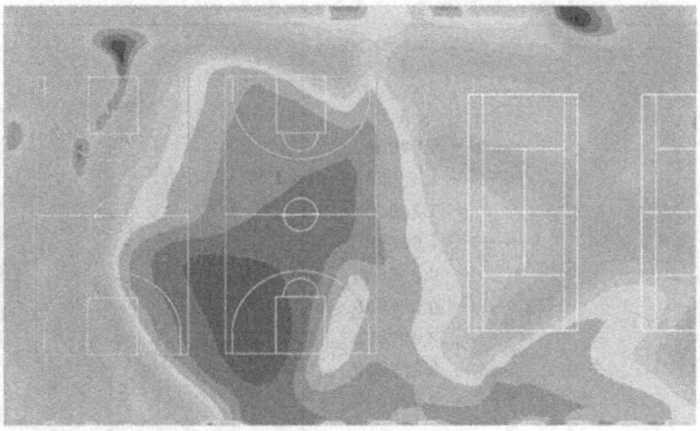

表 6-4　大空间场馆风速计算结果

场馆平面位置	风速标尺	风速分布图
$Z=0.5\text{m}$	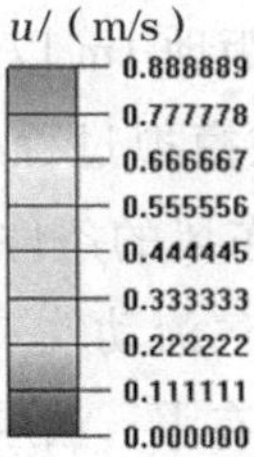	

续表

场馆平面位置	风速标尺	风速分布图
$Z=1\text{m}$	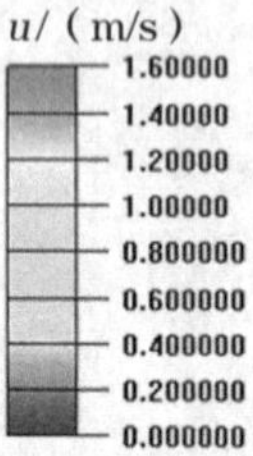	
$Z=1.5\text{m}$	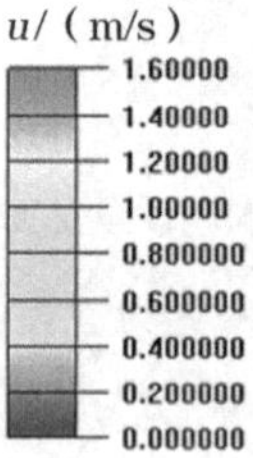	

从表 6-3 和表 6-4 可知，在夏季空调室外计算温度 30.7℃基础上，大空间场馆自然通风条件下，人员活动空间温度分布不均匀，距地 1m 以上空间温度均在 30℃以上，场馆中间区域的温度较高于四周的温度。在模拟过程中，将基础环境风向设定为东风，在模拟结果中也表现出来。在西安多东风的条件下，打开门窗增加场馆自然通风和空气对流，但从模拟效果来看馆内的空气流动效果并不是很好。自然通风条件下，东面门窗为主要进风口，但基础环境风速有限，当东风作用到场馆自东向西 1/3 空间后，风速已明显减小，剩余 2/3 的空间风速均在 0.3m/s 以下。由于风速过小不能将人体产生的热量及时带走，人在这样的环境中舒适感将会变得越来越差。从 PMV 计算结果可以看出，PMV 值在 1.2~2.0 之间，人体热感觉介于微暖和暖

之间。但从 PPD 计算结果看，馆内自然通风条件下，PPD 值不低于 36%，馆内中间区域不低于 55%，这一结果表明，至少有 36% 的人对这样的热环境不满意，场馆中间区域人员不满意率大于 55%。就平时观察来看，夏季学生室外体育课上课质量都不是很高，原因：一是空气温度和太阳辐射温度过高；二是许多体育场地遮阳设施不完善甚至没有。与夏季室外环境相比，大空间场馆的环境相对较好，但空气流动效果不太好，学生在这样的环境中可能会感到闷热，参与运动训练的积极性也可能会受到影响。

第三节　地道风系统方案的设计

地道风降温系统方案设计和空调系统设计过程大致相同，首先需要确定建筑空间内的气流组织设计，根据建筑特点计算建筑负荷和确定要实现的降温效果，然后制订出最终的系统送风以及设备选型方案。

一、大空间场馆建筑负荷及送风量计算

大空间场地内部负荷主要由三部分组成，分别是围护结构负荷、照明负荷和人员散热负荷。公式（38）表示如下：

$$Q_0 = Q_1 + Q_2 + Q_3 \tag{1}$$

式中：Q_0 为总负荷，Q_1 为围护结构负荷，Q_2 为照明负荷，Q_3 为人员散热负荷，单位为 kW。其中，大空间场馆采用下送上回送风方式，即围护结构负荷只计算大空间场馆 2m 以下人体活动区域，活动区域以上的围护结构均不予计算，以节省围护结构耗冷量。人员散热负荷每人按 96W 计，人员数设定为 500 人。场馆灯光布置在上空 12.5m 高处，相距人体活动区域较远，下送风送出的冷空气随着馆内回风口和屋面侧面排气扇的排风作用，照明散热的部分热量也会随之排到场馆外面，因此在大空间场馆负荷计算过程中需计入部分照明负荷。大空间场馆空调负荷计算结果为 210W/m²，活动空间建筑围护结构单位面积负荷为 52W；总负荷

为 176 800W。在文献中就西安市典型气象参数下土壤新风换热系统进行换热计算得出：当室外空气日平均温度为 30.6℃，经过换热系统后温度可降低到 20℃，即换热温差约为 10.6℃。

根据文献提供的计算建筑物送风量公式：

$$G=\frac{Q}{0.24\Delta t} \tag{2}$$

式中：G 为建筑物送风量（kg/h），Q 为建筑物负荷（kcal/h），Δt 为送风温差（℃）。

二、地道设计与计算

笔者参与设计的莫高窟游客服务中心地道通风系统是个十分成功的案例，2 条长度约 326m 的地道，深埋 4.2m 以上，1.6m×2.0m 的混凝土水泥通道降温，地道内风速 2.9m/s，地道送风终温 20℃，在夏季空调室外计算干球温度 34.1℃的基础上，可将室内人员活动区温度降低至 23～29℃，极大地提高了室内人员的舒适感。关于大空间场馆地道风系统将借鉴其成功经验进行设计，结合某地区土壤温度分布特征，当土壤深度到达地下 6m 以后，地下土壤温度全年稳定在 15～15.5℃，故夏季降温地道设计为适宜埋深深度 6m 以上，通道尺寸为 1.6m×2.0m 的混凝土水泥通道，地道内送风风速设计为 4m/s。

根据文献提供的不同地区 $\frac{F}{cG}$ 数值适用区间，某地区地表年平均温度 t_d = 15.7℃，经过表 6－5 对比将西北某地区 $\frac{F}{cG}$ 选用为 0.3。在上文已经计算出大空间场馆人体活动空间需要的送风量约为 47 000kg/h，即 G = 47 000kg/h，c = 0.24，根据地道换热面积 F = 0.3cG，可算得大空间场馆地道风系统需要的地道换热面积为 3 384m^2。降温通道尺寸设计为 1.6m×2.0m，即每米长的通道换热面积为 7.2m^2，可计算出大空间场馆地道风系统需要的降温通道长度为 470m。

表6－5　不同地区$\frac{F}{cG}$数值适用区间

地区	当地年地面平均温度 t_d/℃	$\frac{F}{cG}$数值适用区间
东北、西北	$t_d<10$	0.1～0.2
华北	$11\leqslant t_d\leqslant 14$	0.2～0.3
华中（黄河南北）	$15\leqslant t_d\leqslant 17$	0.3～0.4
华中（长江南北）	$17\leqslant t_d\leqslant 19$	0.3～0.4
南方	$t_d>20$	0.4～0.5

三、气流组织设计与计算

大空间场馆需要的送风量约为47 000kg/h，取20℃空气密度约为1.2kg/m^3，可计算得出单位小时送风量约为39 200m^3。选用下送上回气流组织方式，在篮球场和网球场地四周放置12个尺寸相同的送风口，风口的尺寸大小设计为0.6m×1.8m，即送风口总面积为15.12m^2，可计算得出每个风口送风风速约为0.72m/s。排风口设置在场馆中央高度为9m位置，尺寸大小设计为1.2m×1.2m，根据文献提供的排风及回风口的风速设计要求（表6－6），排风口风速设计为4m/s。

表6－6　排风及回风口风速要求

排风及回风口的位置	允许风速/（m/s）
在人的停留区上方	4.0～5.0
在人的停留区（不要靠近座位）	3.0～4.0
在人的停留区（靠近座位）	2.0～3.0
墙上开的百页孔或花格	1.0～1.5
门的下部开百页孔	1.0～1.5

第四节　大空间场馆送风数值模拟

一、大空间场馆送风模型

与自然通风模型相比，大空间场馆下送风模型的外界基础环境参数和围护结构边界条件设定与自然通风时相同。此外在自然通风模型基础上，除屋面系统侧窗和排气扇打开外，其余侧窗均关闭。由于空气经地道降温处理后再利用风机送入大空间场馆过程中，风机产生的热量会将空气温度提升，地道降温处理后的空气温度为20℃，将风机送风温度粗略计算为20℃。送风口和排风口布局如图6－4所示，风口具体参数如表6－7所示。

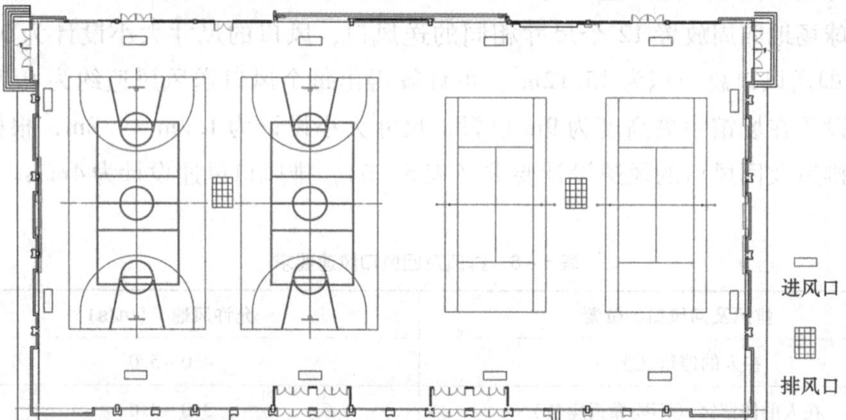

图6－4　大空间场馆送风口和排风风口布局

表6－7　送风口和回风口参数

风口类型	尺寸/m	风速/（m/s）	个数
送风口	0.6×1.8	0.72	14
回风口	1.2×1.2	4	2

二、模拟计算结果与分析

Airpak 软件对大空间场馆下送上回气流组织方式各项数值模拟计算得出的可视化结果如表6－8 和表6－9 所示。

表6－8　大空间场馆下送风温度场计算结果

<table>
<tr><th>场馆平面位置</th><th>温度标尺</th><th>温度场分布图</th></tr>
<tr><td>$Z=0.5\text{m}$</td><td>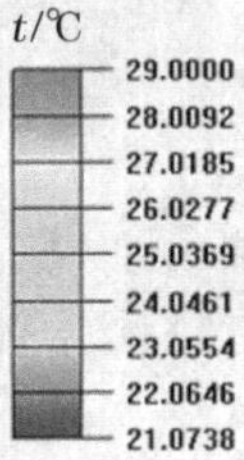
</td><td>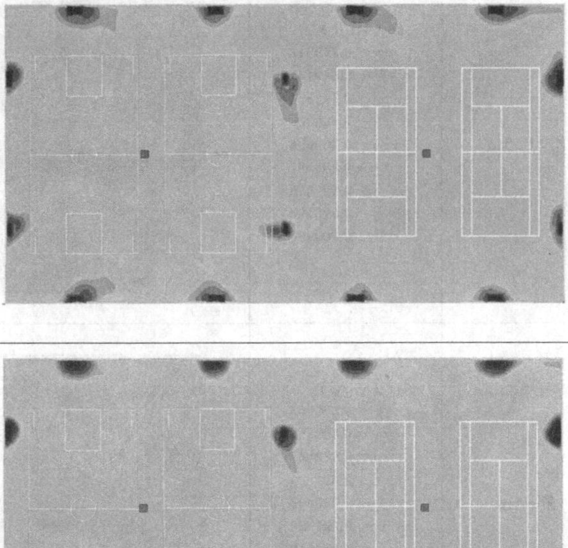</td></tr>
<tr><td>$Z=1\text{m}$</td><td>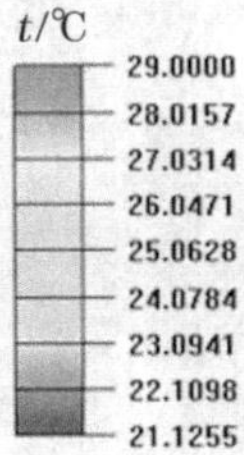
</td><td>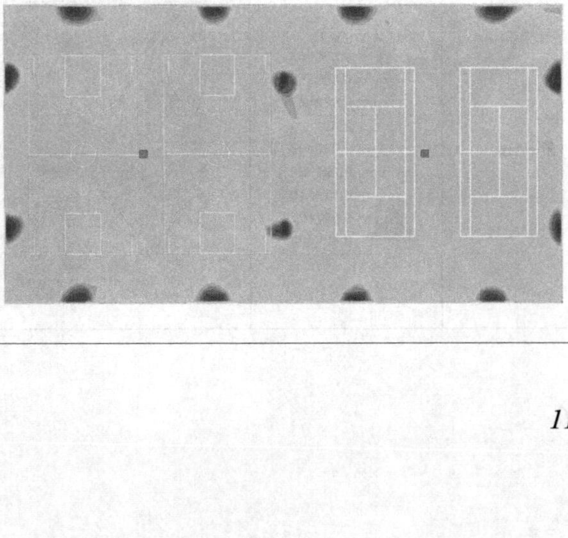</td></tr>
</table>

续表

场馆平面位置	温度标尺	温度场分布图
$Z=1.5\text{m}$	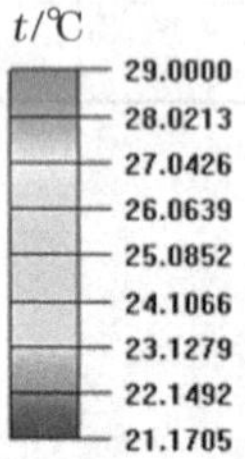	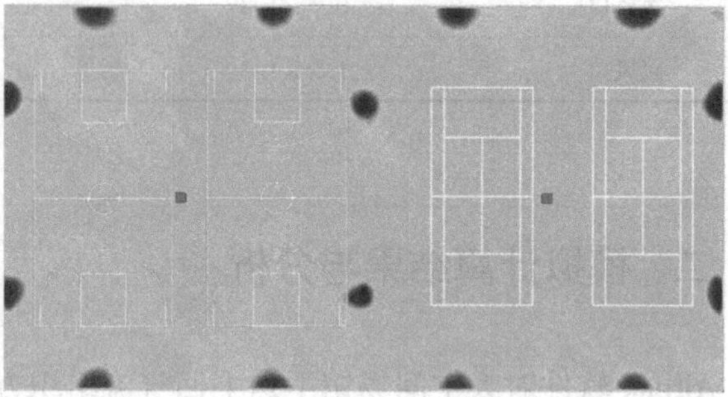

表6－9　大空间场馆下送风风速计算结果

场馆平面位置	速度标尺	风速分布图
$Z=0.5\text{m}$	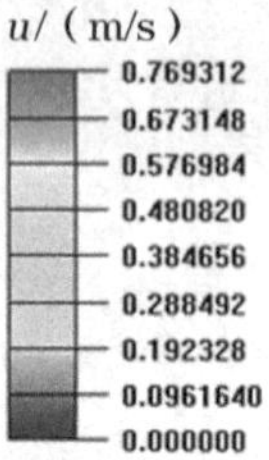	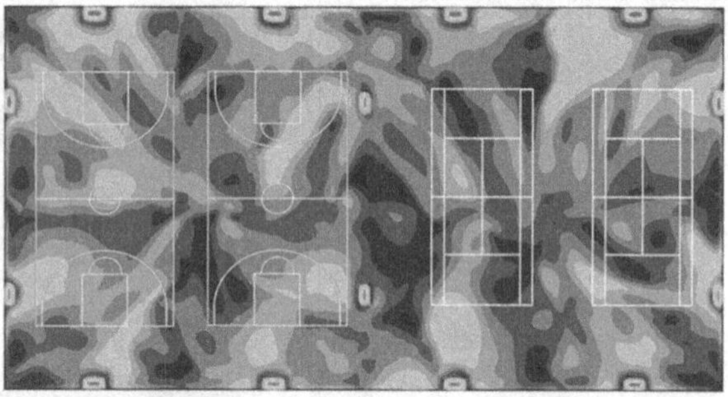
$Z=1\text{m}$	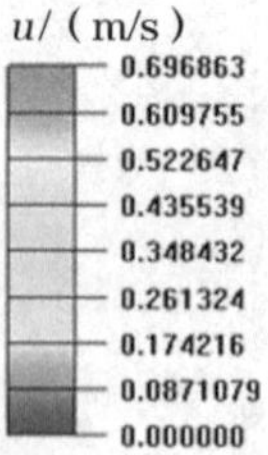	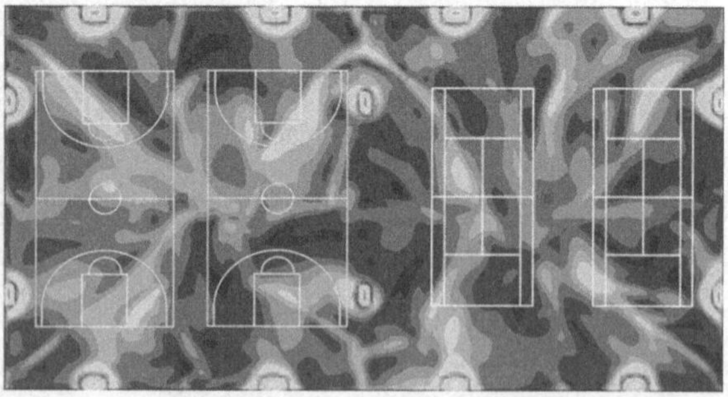

续表

场馆平面位置	速度标尺	风速分布图
$Z=1.5\mathrm{m}$	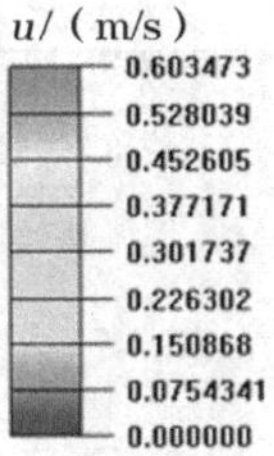	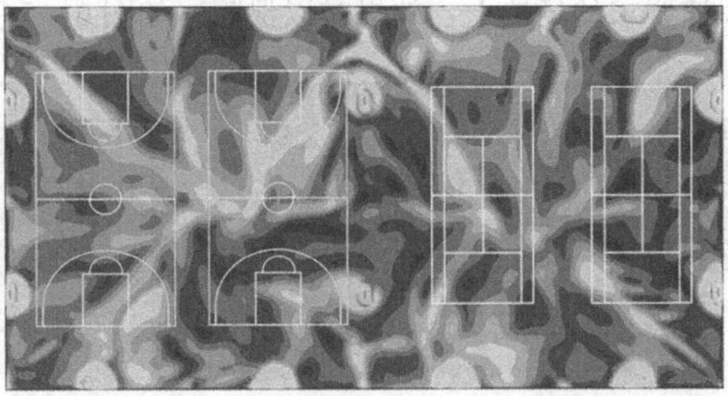

大空间场馆选用下送上回气流组织方式，送风温度为 21℃，送风风速为 0.72m/s，从表 6－8 和表 6－9 可以看出，大空间场馆内气流组织状况与自然通风时相比有明显改善，人员活动空间温度分布相对较均匀，且温度可降低至 26℃左右。从风速计算结果看，场地风速同样存在分布不均匀现象，由于场地空间大，为不影响场地人员运动和比赛，将风口放置在场地四周，垂直地面向上送风很难将新风送到场地中央区域，因此在实际应用中需选用适宜的导风装置来改善场馆内的风速分布。从 PMV 计算结果可以看出，场馆内大部分区域 PMV 值在 0～1，人体热感觉介于适中和微暖之间。从 PPD 计算结果看，人员活动空间的 PPD 值低于 20%，这表明最多不超过 20% 的人对场馆的热环境感到不满意，80% 以上的人还是能够接受这样的热环境。

利用 Airpak 软件对大空间场馆进行自然通风模拟发现：大空间场馆在夏季使用时，馆内人员活动空间温度过高，馆内风速不能及时带走人体产生的热量，人员对热环境的不满意率超过 36%，场馆中间区域不满意率超过 55%。选用上送下回气流组织方式，经过一系列计算得出地道送风系统设计方案。利用 Airpak 软件对大空间场馆下送风再次模拟发现：经降温通道处理后的空气送入场馆，馆内空气环境得到明显改善，温度可降低至 26℃左右，人员对热环境的不满意率低于 20%。但同样存在风速分布不均匀的问题，在实际应用中需选用合适的风口或导风装置来解决此问题。

场地比赛及参赛运动员同样会受侧送风口射流的影响，在无法控制送风射流的情况下很可能出现气流组织影响比赛的情况，场地的侧向送风形式是许多场地采用的方式，布局简单，但对比赛风速控制的要求较难以达到，因此，在对比赛有风速要求的场地上，效果难以保障，如图 6－5 所示。

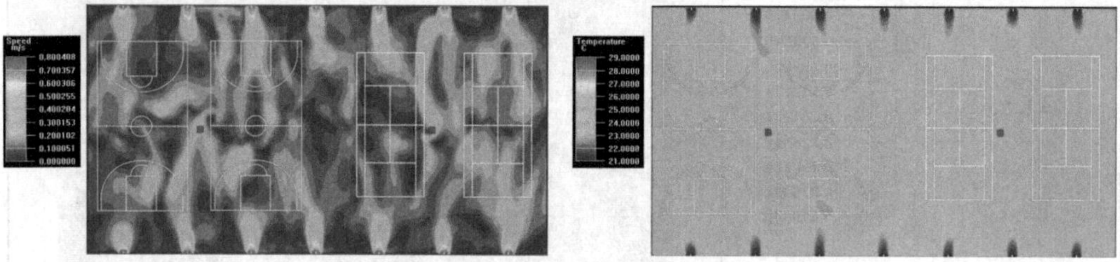

图 6－5　场馆侧送风口风速及温度场

出现这种问题的原因在于，目前的场地多采用侧向喷口射流风口，这种风口不是为体育场地研发的专用风口，它广泛使用在机场等大空间建筑中，由于其特点是送风量大、射程长、出流速度高，使得控制影响范围较大。但体育场地除空间高大外，又有严格的场地风速控制要求，因此侧向喷口射流风口从多年的场馆使用效果看，弊病明显，甚至在正式比赛时，场馆管理人员不敢开启场地空调系统，以免造成比赛时场地热环境较差，影响运动员竞技水平发挥。从节能角度看，场地下送风口节能效果最佳且对比赛风速影响较小，但布置安装难度、成本均较大，适合新建体育场馆。对原有场馆改造，研发新型的侧送风口是当务之急，它要满足大风量送风，且风向可以是双向，场地风速可以任意调节。只有同时具备上述特点的侧向送风口方可以满足当前场地使用的要求。

在新型风口的设计基础上加以改进，提出双向风口的理念，模拟数值如表 6－10，通过控制风口出流方向来控制空气射流，双向风口在场地应用中，在对风速要求不高的场地中，风口的送风方向是朝着场地方向送风（前侧），使场地中获得更多的风量，而在一些对风速要求高的比赛中，可以闭合双向风口的前侧送风口，而开启后方的送风口（后侧），这样送风的射流方式是通过墙壁反射进入场地中，在保持场地最低所需冷风量的基础上，满足比赛对场地风速的要求。目前，双向风口的研发已完成，应尽早在体育场馆推广使用。

表 6－10　场地双向侧送风口模拟数值表

名称	方向	效果图
风速	前侧	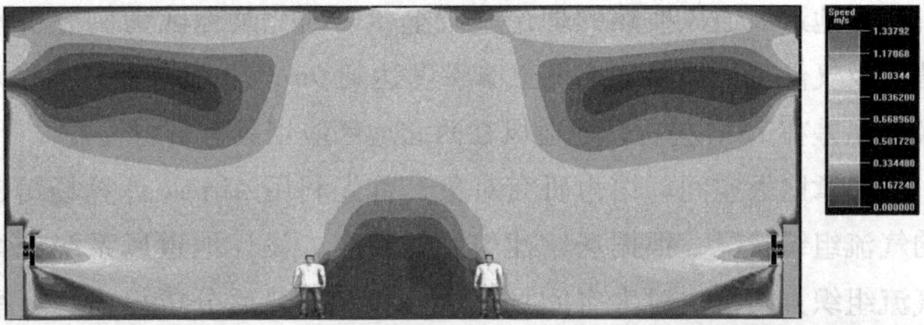
	后侧	

综上所述，体育场馆的通风空调气流组织方式应规范改进，在减低空调能耗的基础上，要充分考虑观众和场地运动人群的热感觉。要将观众席和场地空调系统分成两个系统或多个系统控制，利于场馆在训练模式或经营开发场地模式下，单独开启场地空调系统，大大减少空调能耗。观众席下送风技术已成熟，场地下送风及场地双向风口也应大力推广使用。西北地区采用上述方式的场馆能耗明显降低，再与土壤蓄冷技术结合，可实现真正意义上的场馆生态节能型降温运行模式。

第五节　地道风技术在场馆应用中的价值

综合地道风技术在国内外研究现状，归纳整理地道风技术在我国应用现状，土壤蓄冷技术在西北地区的场馆应用有较大的前景。土壤蓄冷资源丰富，环保无污染，风冷降温后送入场馆，能源消耗量极低，对场馆超低能耗运行有着重要意义。

在地道风通风换热的理论基础上，以西北某地区为例分析地下土壤温度分布情况及气候特征得出：地下土壤深度达到6m，土壤温度基本稳定，夏季土壤空气换热温差在15℃左右，地道风在西北地区应用具有可行性。

本章以大空间场馆为研究对象，首先利用 Airpak 计算场馆自然通风时场馆内的气流组织状况，根据场馆建筑结构特点，设计地道风系统方案，选用下送上回气流组织方式再次对大空间场馆进行模拟，最后分析得出：夏季空调室外计算温度为30.7℃，大空间场馆自然通风条件下，人员活动空间温度分布不均匀，距地1m以上空间温度均在30℃以上，场馆内风速过小不能及时带走人体产生的热量。场馆空气环境的 PMV 值在1.2~2.0之间，人体热感觉介于微暖和暖之间。PPD 值不低于36%，馆内中间区域不低于55%，表明至少有36%的人对这样的热环境不满意，场馆中间区域人员不满意率大于55%。学生在大空间场馆进行运动训练的积极性可能会受到影响。

按照提供的地道风降温工程设计计算程序，选择下送上回相对节能的气流组织方式，最终得出大空间场馆地道风系统方案：降温通道470m，通道尺寸为1.6m×2.0m，地埋深度6m，通风风速4m/s，地道内终温为17℃。

利用软件再次对大空间场馆下送风进行数值模拟，分析模拟结果得出：大空间场馆内气流组织状况与自然通风时相比有明显改善，人员活动空间温度可降低至26℃左右。场馆内大部分区域 PMV 值在0~1.0之间，人体热感觉介于适中和微暖之间。人体活动空间的 PPD 值低于20%，表明最多不超过20%的人对场馆的热环境感到不满意，80%以上的人还是能够接受这样的热环境的。但馆内同样存在风速分布不均匀的问题。在地道风系统实际应用中可以通过选用适宜的风口或导风装置来解决这个问题。

通过空调系统与地道风系统耗电量对比，地道风系统相对空调系统能够节省约55%的耗电量，节能效果明显。以静态回收期为经济性评价指标，分析计算得出，地道风系统相对空调系统的静态回收期为7.26年，在使用期限内，能够收回增加的投资成本，具有一定的经济效益。

场馆利用土壤蓄冷进行场地降温有推广应用价值，但土壤蓄冷量有限，因此场馆空气降温要和好的气流组织形式相结合，例如采用观众席及场地下送风，或者采用新型的可双向场地侧送风口，会减少冷量负荷需要，使土壤蓄冷技术能真正在场馆中发挥作用。另外，主要以某大空间场馆为研究对象进行软件模拟和地道风应用方案设计，配套设施齐全，场馆结构复杂，通常以多种气流组织相结合的方式提高场馆的通风环境和舒适性。因此，研究成果对地道风在运动场馆的应用具有一定参考价值，但不具备普遍性。此外，由于场馆模型体积大，受计算机计算速度的限制，在网格划分时适当减少了网格划分数量，虽保证了质量和动量的统一，但在实际测量或应用中难免产生一些偏离。根据西安的气候和地下土壤温度分布特征，冬季地道风系统同样能够将室外空气换热升温，因此地道风系统在冬季应用也具有可行性。

第七章　运动人体热舒适

体育场馆作为运动训练、运动竞赛及运动教学的主要场地，其环境的优劣会直接影响人体的舒适及运动效果。体育场馆是高空调系统能耗的特殊建筑，在设计时会采用多种降低能耗的措施，如围护结构墙体为加气混凝土外墙，窗户为双层玻璃中空保温隔热窗，顶棚为多层保温隔热板和空气夹层。场馆同时设大屋檐加建筑遮阳结构，抑制外界强烈的太阳辐射，其黑球温度与空气温度非常接近。由于运动工艺的需求，场馆内的风速要求基本符合人类运动规律，相对湿度处于相对稳定的状态。确定室内温度是影响人体运动热感觉的主要因素，因此本章以环境温度作为重点进行分析，但实际调查的体育场馆环境还需进一步进行现场实验测试。

然而，我国目前执行各类运动建筑室内热环境标准还无法完全满足运动建筑中的运动人群的舒适性需求。用现有的 PMV/PPD 模型对处在运动状态的人体暴露在体育场馆热环境中所出现的不同感知现象进行预测，结果并不理想。通过研究发现，运动与安静状态下的人体有着很大的差别。运动状态下的人体具备以下特点：① 新陈代谢速率大；② 衣着热阻小；③ 排汗量大；④ 辐射环境复杂。由此可见，运动人体的冷、热感觉难以以现有指标进行预测，因此审视运动舒适性的问题，并建立适用于运动人群的综合性热舒适评价模型至关重要。运动人体热舒适过去一直以西方人研究为主，但其研究对象为外国人，不能作为衡量中国人的依据，在这个领域，要自主研发，要建立具有符合中国人自身特点的运动热舒适理论基础，更好的为健康中国服务。

第一节　人体与体育场馆的热交换

目前主要以环境温度、相对湿度、风速及黑球温度作为影响人体热舒适的环境因素。人体在运动过程中，为了维持生理健康必须保持体内温度相对稳定，这也就意味着运动人体必须同体育场馆环境之间处于相对稳定的传热动态平衡状态。除了人体进行自身的基础生理调节之外，必须要保证人体产生的高热量能够及时散发到环境中。

具体来说，在体育场馆环境温度（指经过空调调节的室内温度）、相对湿度、风速和辐射温度的综合影响下，人体的生理机能及舒适度都会发生较大的变化。人体动态传热主要有以下部分：①运动过程中人体内部及人体通过着装与裸露部分与体育场馆空间环境之间的对流换热，与体育设施、地面等围护结构辐射换热；②体育场馆热环境下运动人体随运动负荷变化应激产生的机体自身呼吸潜热、显热换热，以及着装与裸露部分的皮肤表面汗液蒸发换热之间的热、湿传递；③人体在运动过程中自身新陈代谢产热，同时协同人体内环境热循环调节和热反应感受的动态热平衡的传递过程（图7－1）。

图7－1　人体与体育场馆环境动态热平衡交换过程

人体的热平衡关系式为：

$$M - W - E_d - E_{sw} - E_{res} - E_L + E_{conv} + E_{cond} + E_{rad} = 0 \quad (1)$$

式中：M 为人体能量代谢速率（W/m²）；W 为人体在运动过程所做的机械功率（W/m²）；E_d 为人体皮肤蒸发扩散失热速率（W/m²）；E_{sw} 为人体皮肤表面汗液蒸发的热损失（W/m²）；E_{res} 为人体呼吸潜热损失（W/m²）；E_L 为人体呼吸显热损失（W/m²）；E_{conv} 为着装部分人体表面与环境对流换热（W/m²）；E_{cond} 为着装人体表面与环境的传导换热（W/m²）；E_{rad} 为着装部分人体表面与环境辐射换热（W/m²）。

根据《公共建筑节能设计标准》（GB 50189—2015）规定，夏季室内空调计算温度为26℃，意味着室温超过26℃就应该使用空调进行降温。相比静止状态人群，运动人群拥有更高的新陈代谢水平，同时具备自身生理循环热调节反馈机制，因此对室内热环境有特殊的要求。并且，夏季空调设定温度每提高1℃，大约可以节省电力20%。由此可见，体育场馆空调系统具有巨大的节能潜力，合理确定夏季体育场馆舒适性环境参数，对运动人群的生理、心理及运动表现有着重要的影响，更对空调系统节能具有重要意义。

第二节　热舒适性影响的机制

当处在活动过程中，人体最外层的温度（即体表温度）通过对流、辐射和汗液蒸发等形式从环境中获得或向环境散发热量过程中形成紊乱，打破了原有的人体内环境稳态平衡，同时人体对高温环境的低耐受性，导致维持热平衡的能力降低，继而在不同程度上增加了人体的热感觉。这种热感觉主要是通过皮肤温度感受器表征对于温暖或寒冷的热刺激反应，主要受核心温度、皮肤温度和环境温度的组合影响。而随着环境温度偏离中性状态，人们对所处环境的热不满意度逐渐增强，研究人员对获得人们愿意接受温度的愿望则更加强烈；同时疲劳是运动后发生的必然行为。由于人体对环境具有适应性的调节，而环境压力可能提前运动人体的疲劳行为，因此，人体的热感觉、心理期望、热满意率及疲劳感觉对运动人体的热舒适性的研究具有重要意义。

通过研究热感觉和运动表现间的相关性，发现人体在全身运动期间，生理应激热反应可能减弱了不适感，心理干预可减缓热感的应变效果，进而延长运动表现；人体所产生的这种生理应激热反应主要受环境温度显著性影响，引起人体不同程度的舒适性感受；对不同环境温度工况下的人体热舒适客观评价指标的重要生理参数进行分析，可见人体皮肤温度、心率变异性、新陈代谢率、排汗率、血压在人体处于热舒适与不舒适状态时差异显著。综上所述，生理应激热反应主要表现在平均皮肤温度、心率和血压等。为了分析环境温度与大运动量活动的人体相关性，需要结合人体的主观心理和客观生理评价。

第三节　场馆热环境与运动人体舒适性影响的评价

一、热环境对人体心理、生理的影响机制

人体在不断地运动过程中，面对不断变化的环境所产生的心理和生理行为影响着人体的舒适性。为了全面客观地评价人体的舒适性，运动人体热舒适的研究应采用一个多维的方法，综合考虑人体与体育场馆客观环境的传热、湿物理热交换、人体自身的客观生理循环热调节及主观心理热感受，三者相辅相成、相互影响，形成了一个有机组合体，为综合研究运动人体的热舒适性提供了可靠的平台，关系式如公式（2）所示。

$$\begin{aligned} CE &= f(EP, SE, PR) \\ &= f[(RH, AT, WS, BBT), (TS, PE, TS^{*}, FE), (MST, BP, HR)] \end{aligned} \tag{2}$$

式中：*CE*（comfort efficiency）代表舒适健康输出；*EP*（environmental prameters）代表体育场馆环境参数，包括相对湿度（relative humidity，RH）、环境温度（ambient temperature，AT）、风速（wind speed，WS）、黑球温度（black ball temperature，BBT）；SE（subjective evaluation）代表主观感觉评价，包括热感觉（thermal sensation，TS）、心理期望（psychological expectations，PE）、热满意（thermal satisfaction，TS*）、疲劳感觉评价（fatigue evaluation，FE）；PR（pysiological response）代表客观生理反应，包括皮肤温度（mean skin temperature，MST）、血压（blood presure，BP）、心率（heart rate，HR）。

体育场馆热环境对运动人体的影响，与对上述理论性的人体热舒适性综合评价分析相吻合，综合考虑了环境对人体的客观生理反应、主观心理感受的影响，从不同环境因素出发探究对人体的影响机制。客观因素及主观因素的综合表现，形成人体对环境的舒适性评价模型。一般来说，人在运动过程中不会被动地接受环境变化，会不同程度地产生强烈的自我调节和自我适应。但为了维持人体的运动健康，人在环境刺激下产生的适应能力需要控制在一个正常的生理指标调节范围内；同时，由于人受环境因素干预应激产生的心理感受受人为因素的影响较大，个体的差异性较为明显，因此针对体育场馆热环境对运动人体的影响，需要研究生理和心理应激反应受不同的多样性驱动因素之间的相互作用，使环境因素和人体的客观、主观表现实现交互影响，以此建立一个适用于体育场馆热环境中运动人体的舒适性评价综合因素分析评价模型。

二、基于心理、生理综合影响的热环境设计依据

与住宅、办公楼、高校等室内建筑提高热环境舒适性水平的要求不同，体育场馆应在确保运动人体舒适性的同时，满足人体正常生理机能调节的需要。体育场馆环境（非稳态热环境）作为应激源，往往带给运动人体不同程度的持久性应激反应，而应激反应（心理和生理）通常会导致产生人体极大的不舒适感。因此，应建立兼顾人体舒适性及生理健康的双重作用机制，最大限度地降低体育场馆环境对运动人体行为活动的影响（图 7－2）。通过建立环境参数与人体主观心理感受、客观生理需求的量化关系，实现对运动人体的应激表现进行测量指标的评价，从而反映出客观环境对运动人体的综合作用关系，以期建立体育场馆环境与运动人体舒适健康的有效耦合，进而确立体育场馆环境与运动人体的舒适状态之间最佳模式的匹配关系，获得适应的体育场馆环境参数取值范围。

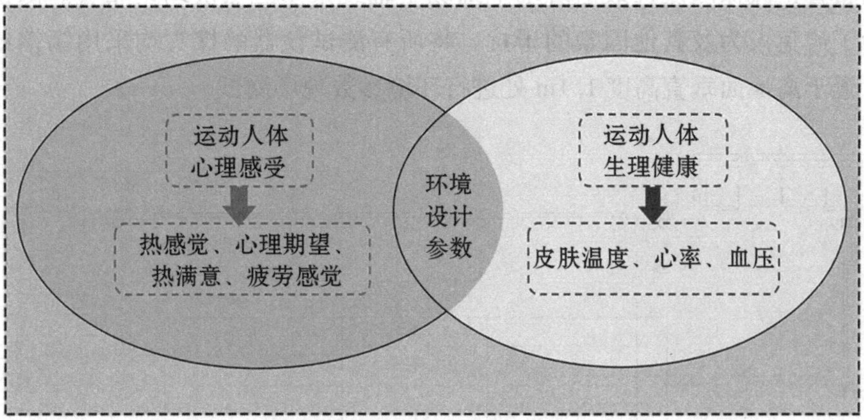

图 7－2　体育场馆环境设计参数设计依据

第四节　运动人体热舒适性实验

一、实验环境

我国土地辽阔，地形复杂。由于各地区之间地理位置的差异，导致气候特征具有显著差异性。尤其是西北地区，夏季炎热干燥，温度峰值更高，太阳辐射更强烈，对人体的影响造成的波动性更明显，因此应特别注意建筑的遮阳、隔热和通风等环境策略的设计。我国根据不同地区的气候特点，进行了建筑热工划分，在此基础上对各类建筑的节能策略设计提出了不同的方法。本章以西安为例进行研究分析，有针对性地满足对于建筑的环境气候条件和建筑的使用需求。

实验于 2018 年 6 月 15 日—8 月 10 日采取连续性追踪调查的方式，在陕西省西安市（经度：108. 93°，纬度：34. 27°）某学校羽毛球场馆进行。实验场地及测点布局如图 7－3 所示。在热舒适现场实验研究中，该实验场地内的测点的布置应在受试者活动区域，因此环境温度、相对湿度、黑球温度测点选取沿着羽毛球场边线均匀布置，风速测点选取沿着羽毛球场中轴线采用二点法均匀布置。测试过程中，为了避免人为及其他因素的干扰，将所有测试仪器的探头均采用锡箔纸进行遮蔽，置于离地面垂直高度 1.1m 处进行环境参数现场测试。

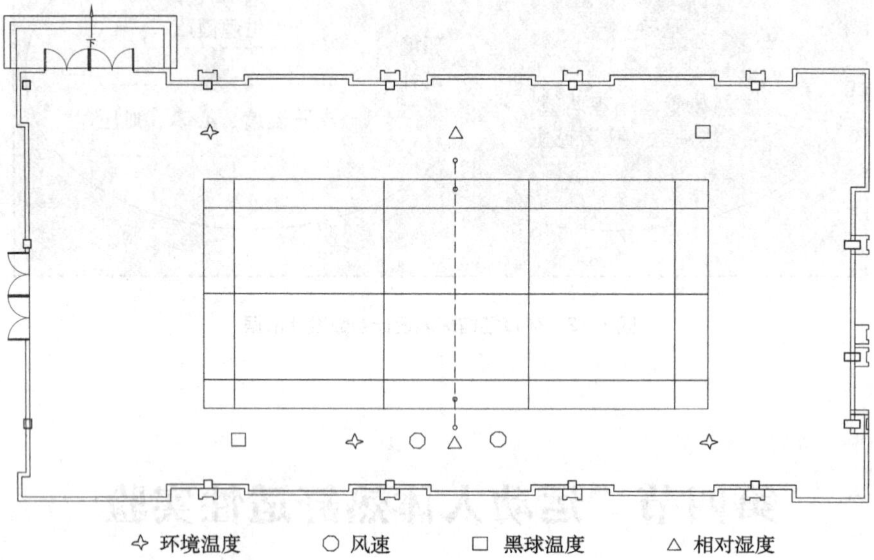

图 7－3　实验场地及测点布局

二、人体新陈代谢率及服装热阻

1. 人体新陈代谢率

人体新陈代谢率受到诸多因素的影响，除了个体之间的年龄、性别、表皮的差异性及精神活动程度、运动活动强度等因素外，还受环境温度的影响，但是最主要的因素还是取决于人体的活动强度。对热舒适的研究发现，随着人体新陈代谢率的变化，人体体温调节随之产生不同反应。人体新陈代谢率的高低会不同程度地影响人体对所处环境温度变化的敏感度，从而影响人体对热环境的主观心理感受和客观生理反应。也就是说，环境温度对于人体新陈代谢率的影响是不容忽视的，适宜的环境温度往往能够在一定程度上稳定人体新陈代谢率。人体新陈代谢率的单位通常以 met 表示，$1met = 58.2W/m^2$，不同活动内容下的人体新陈代谢率如表 7 - 1 所示。

表 7 - 1 不同活动内容下的人体新陈代谢率

活动内容	人体新陈代谢率/met
阅读	1.0
负重练习	2.1
健美操	3.8
羽毛球	5.5
跑步	6.3
篮球	8.0

2. 服装热阻

服装热阻是服装工效学、传热学中的一个重要参数，反映了服装良好的保温和传导散热性能，在人体热平衡过程中更是人体对热环境发生适应性调节的一种手段。因此，在热舒适的研究中，针对人体与外界环境之间的热交换必须要考虑到服装热阻的问题。

一般来说，当人穿着服装，尤其是从事某些活动时，服装所提供的保温性会发生变化，影响服装热阻发生变化的原因以人体及环境因素为主。由于受环境温度、相对湿度及风速的作用，人体在运动时，与空气之间产生相对风速，再加上衣内空气的风箱效应，从而加强了对流散热，导致服装的热阻值下降；随着运动强度逐渐增大，人体为了加快机体散热势必会发生出汗现象，而汗液的分泌往往会导致服装本身的传导散热能力增强，从而导致服装热阻随汗液量的增加而降低。服装热阻的单位通常以 clo 表示，$1clo = 0.155m^2 \cdot K/W$，在不同活动强度下具有不同的服装热阻值，通过查阅参考文献得出 1clo 的干燥服装被汗液浸湿后热阻值，如表 7 - 2 所示。本研究实验过程中受试者统一着装，具体为短裤、T 恤、内衣裤、短袜、运动鞋，服装热阻约为 0.5clo。

表 7-2　1clo 的干燥服装被汗液浸湿后的服装热阻值

活动强度	静坐	坐姿售货	站立售货	站立但偶尔走动	行走 3.2km/h	行走 4.8km/h	行走 6.4km/h
服装热阻（clo）	0.6	0.4	0.5	0.4	0.4	0.35	0.3

三、实验方案的设计

1. 实验对象

实验的受试者为某校在校学生，均自愿参与实验；其中男女各 10 名，年龄在 20～23 岁；所有受试者的体重指数（body mass index，BMI）均在正常范围内，身体健康，无感冒、发烧等症状，并且均无严重、特殊或慢性疾病史。受试者的基本信息如表 7-3 所示。确定具体受试人选，除了依据 BMI 指数外，还进行了简单的冷热反应小测试，目的是为了减小实验的误差，排除对热环境敏感的人群。此外，实验正式开始前，受试者应保持良好的饮食和作息规律，避免饮酒或饮用兴奋性饮料等引起的血糖及精神变化，同时尽量避免剧烈运动，保持情绪稳定，以保证良好的待测试身体状态。受试者在进行测试之前，还需要提前熟悉整个实验流程，由专门测试人员简要解释说明实验过程中需要注意的问题，并对测试过程中填写的调查问卷进行详细阐述，确保受试者对问卷内容能够完全理解，保证问卷调查的科学性和准确性。所有受试者按照上述要求进行人选确定，同时均按照实验规定完成全部实验工况并填写了问卷。

表 7-3　受试者的基本信息

基本信息	参数（平均值 ± 标准差）
人数	男（10 人）；女（10 人）
年龄/岁	22 ± 0.7（男：22 ± 0.8；女：22 ± 0.5）
身高/cm	166 ± 15.5（男：172 ± 8.4；女：160 ± 5.5）
体重/kg	55 ±（男：58 ± 10；女：45 ± 5）

2. 实验测量参数及仪器

实验过程中对羽毛球体育场地内的4个环境参数进行测量，测试具体的环境参数为环境温度、相对湿度、黑球温度和风速；同时，在实验过程中对人体重要生理参数进行同步监测，实验数据实现实时记录传输功能，测试的具体生理参数为皮肤温度、心率和血压。实验过程中为了避免实验误差影响实验结果的准确性，每天仅进行1个实验工况，测量仪器靠近受试者的活动区域，每个位置的测量从14：00—15：00连续进行，主要测试仪器如图7－4所示，测量仪器详细技术参数如表7－4所示。

（a）心率传感器　　（b）热电偶仪　　（c）温湿度测量仪

图7－4　主要测试仪器

表7－4　测量仪器详细参数

物理参数	仪器	型号	参数范围	精度
环境温度	环境温度测量仪	Testo605i	10～80℃	±0.4℃
相对湿度	相对湿度测量仪	Testo605i	0～100% RH	±2% RH
风速	多功能测量仪	Testo435	0.05～3.00m/s	±0.03m/s
黑球温度	黑球温度计	HQZY－1	10～120℃	±0.5℃
皮肤温度	热电偶仪	CENTER－309	0～50℃	±0.5℃
心率	心率传感器	Polar H10	40～200次/min	±3%
血压	血压计	HEM－7211	0～280Pa	±3Pa

3. 实验流程

对上述现场测试的环境参数的实验工况进行遴选，将受试者分成10组，每组2人。从实验仪器的测点布置开始，受试者进行热身活动后，进入真正实验测试阶段，每天的实验从14：00开始至15：30结束，每组持续运动40min，具体流程如图7－5所示。实验程序如下：

（1）测试人员对实验场地进行环境参数的测点布置并进行测量，环境参数的测量仪器均能实现自动传输记录功能；受试者按照实验要求，进入实验准备阶段，将热电偶仪贴于皮肤表层，佩戴心率传感器，接受初始身体状态的生理参数（平均皮肤温度、心率及血压）的测试，测试人员进行记录。

（2）10min后进入热身阶段，使受试者的身体状态调整到最佳，大约持续10min，预防受试者在接下来的测试阶段出现运动伤害。

（3）进入正式实验的阶段，受试者进行40min的高强度羽毛球运动，其所佩戴的仪器实时记录运动期间其皮肤温度和心率，直至实验完成。测试人员可以直接观察受试者的皮肤温度、心率的变异程度，再次确保受试者在测试环境下的运动安全。

（4）受试者运动完成后立刻对其进行血压的第二次测量，并让其填写主观感觉调查问卷（热感觉、心理期望、热满意及疲劳感觉），完成调查问卷后取掉其所佩戴的实验仪器，受试者进入休息阶段。

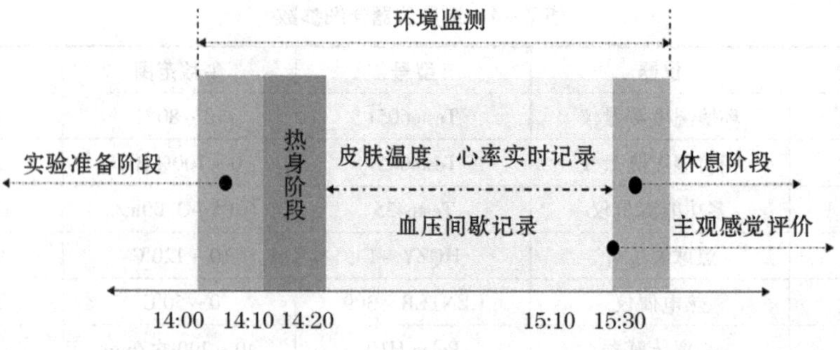

图7－5 实验安排流程

四、数据分析

1. 统计方法

在对实验所获得的数据进行处理时，首先检查所有的数据，完成对数据的筛选，剔除偏离正常范围的实验数据，进行描述性统计，同时检验数据的正态分布情况。若不符合正态分布应进行数据总体正态检验，若验证表明不是正态时，进行数据的正态转换，具体的数据处理过程如下所示：

（1）回归分析

为进一步分析体育场馆热环境因素与人体热舒适性评价指标之间的相关性，通过对数据进行拟合回归处理，进而实现热环境对人体热舒适性影响的量化关系。通常，为了验证一个变量对其他变量所产生的影响，在数据分析过程中拟合回归是一种常用的方法。一般来说，如果自变量与因变量之间的待定函数关系是线性的，我们称之为线性回归，否则称之为非线性回归，在本章的数据分析中，两者都有涉及，为了验证回归分析的拟合度，提出以 R^2 来衡量因变量与所有自变量之间的相关性。在前期理论的基础上，借助分析软件 origin 和 SPSS Statistics 23.0 进行回归分析，进一步研究体育场馆热环境因素与运动人体热舒适性之间的主观数据和客观数据间的相互关系，建立不同环境因素工况对运动人体热舒适影响的定量关系。

（2）方差分析

一般来说，为了对各变量间的均数差异显著性进行进一步检验，判断其是否具有统计学意义，采用方差分析来判断各个因素是否对因变量具有显著性的影响，即确定不同环境因素与各项生理参数之间的显著性差异程度。分析过程中将显著性水平设置为0.05，即 $P=0.05$。由于 P 值仅仅代表样本之间的均值，因此只能说明具有样本之间的显著性差异，而不能反映差异性的大小程度，这主要是因为 P 值受样本容量的限制，抑制了统计功效，而效应量与显著性检验不同，指标不受样本容量的影响，表示不同环境温度下的总体均值之间差异的大小，可以对不同研究进行比较分析。同时在针对心理、教育及行为等研究时，效应量的分析则很重要。

对于本章的方差分析研究，一般采用 ES 计算效应量，即通过计算组间标准差 SS 组间和组总体（组间标准差和组内标准偏差）SS 总体之间的比值来估计方差分析的效果大小，如公式（3）所示。$0.10 \leqslant ES \leqslant 0.29$，$0.30 \leqslant ES \leqslant 0.49$，$ES \geqslant 0.50$，分别表示对小、中、大效应量。效应量越大，总体重叠程度越小，效应越好。

$$\eta^2 = \frac{SS_{\text{组间}}}{SS_{\text{总体}}} \tag{3}$$

（3）决定系数 R^2

在回归分析处理过程中，往往需要对拟合数据公式进行相关性分析，也就是为了判定不同环境因素与各项数据之间的拟合优度而提出相关系数 R^2，R^2 是衡量各项测试数据可以在多大程度上由环境温度的变动来解释的关键因素，R 值介于 0 和 1 之间，越接近 1，代表相关的拟合方程的参考价值越高，回归拟合效果越显著，具体 R^2 计算公式如公式（4）（5）所示：

$$R^2 = \frac{SSR}{SST} = \frac{\sum_{i=1}^{n}(\hat{y}_i - \bar{y})^2}{\sum_{i=1}^{n}(y_i - \bar{y})^2} \tag{4}$$

$$SST = SSR + SSE \tag{5}$$

式中：SST 为总平方和（total sum of squares），SSR 为回归平方和（regression sum of squares），SSE 为残差平方和（error sum of squares）。

2. 平均皮肤温度计算方法

在一定强度的活动时，皮肤温度不仅代表人体对所处热环境的冷热应激反应和与环境间热量交换的一个重要的生理参数，同时还反映了人体的核心温度扩散至体表时的热量。人体皮肤温度需要通过传热系数和皮肤面积加权来得到平均皮肤温度，本实验选取 6 个测量点在人体皮肤表面埋热电偶，通过测试人体头部、躯干、上臂、前臂、大腿及小腿的皮肤温度，按权系数 0.11、0.28、0.07、0.13、0.21、0.20 进行加权平均，计算得到平均皮肤温度，如公式（6）（7）（8）所示：

$$T_s = \sum_{n=1}^{6}\left(\frac{h_{cn}+h_{rn}}{h_c+h_r}\right)\left(\frac{A_{sn}}{A_s}\right)T_n = 0.11T\text{（头部）} + 0.28T\text{（躯干）} + 0.07T\text{（上臂）} + 0.13T\text{（前臂）} + 0.21T\text{（大腿）} + 0.20T\text{（大腿）} \tag{6}$$

$$h_r = \varepsilon_s \sigma k \tag{7}$$

$$h_c = 3\sqrt{270V^2 + 23}\ (0.1 \leqslant V \leqslant 3) \tag{8}$$

式中：各部分温度分量总和为$\sum_{n=1}^{6} F_n = 1$；T_s 代表平均皮肤温度（℃）；h_r 代表考虑了二次人体辐射时的辐射传热系数［W/（m^2·K）］；h_c 代表人体表面对流传热系数［W/（m^2·K）］；A_s 代表人体的有效放热面积（m^2）；ε_s 代表人体表面辐射率；σ 为玻尔兹曼常数，取 5.67×10^{-8} W/（m^2·K）；k 为有关辐射传热的温度因数（K^3）；V 代表风速（m/s）。

五、主观问卷调查设计

TSV 是一个表征人体内部产热与人体向空间环境散发热量的平衡过程中产生的冷热感觉的实际评价指标，代表对同一空间环境下绝大多数人的实际平均热感觉投票，由于心理学研究表明一般人可以不混淆地区分感觉量级不超过 7 个，因此对热感觉的评价指标往往采用七级分度，即冷、凉、稍凉、中性、稍暖、暖、热，如表 7－5 所示。

表 7－5　TSV 热感觉标尺

热感觉	标度	客观表现
冷	－3	打寒战，呼出白色雾气
凉	－2	局部感觉冷
稍凉	－1	可忍受的局部凉感
中性	0	感觉舒适，无汗
稍暖	1	隐汗
暖	2	局部微微见汗
热	3	可见明显出汗，甚至汗滴

建筑室内环境关于人体热感觉的研究，通常采用主观调查问卷的方式，旨在通过调查问卷获得受试者对所处热环境的主观心理反应。问卷的内容包括两部分，一部分是受试者的基本人类学信息，如年龄、性别、身高及体重等；另一部分包括基于 TSV 热感觉量表、疲劳感觉量表对体育场馆环境提出的个人评价，评价内容主要为热感觉、心理期望、热满意率及疲劳感觉。

第五节　场馆热环境对运动人体影响的关系分析

一、体育场馆热环境物理参数实测

体育场馆热环境（非稳态热环境）作为应激源，往往带给人类不同程度的持久性应激反应，而应激反应通常会导致人类的热不舒适性及影响人体生理健康，因此体育场馆热环境对运动人体的影响应该采用一个多维的研究方法。评价因子主要包括环境温度、黑球温度、风速和相对湿度。如图 7 – 6 所示，通过对现场环境参数追踪测试调查，发现体育场馆内环境参数的分布不同，尤其是环境温度的波动性较大。整个测试期间相对湿度在 40% ~50% RH 的相对稳定范围内波动，风速为脉动风速约 0. 01m/s，黑球温度在 18. 5 ~20℃范围内变化。从总体上看，体育场馆的相对湿度、黑球温度和风速波动性相对稳定，受试者对体育场馆相对湿度、黑球温度及风速的主观感觉评价在统计学上也没有显著性差异，总体对人体的综合影响较小，因此在研究中不被纳入对运动人体影响的热环境因素中。在体育场馆热环境中，虽然诸多因素综合作用对人体产生影响，但是经现场大量的数据测试，环境温度是主要的影响因素，因此以环境温度作为主线。综上所述，可以认为环境温度是体育场馆热环境对运动人体的主观感觉评价和客观生理反应影响的主要指标，因此通过对现场测试的实验工况进行遴选，最终选出环境温度的范围为 25 ~33℃。

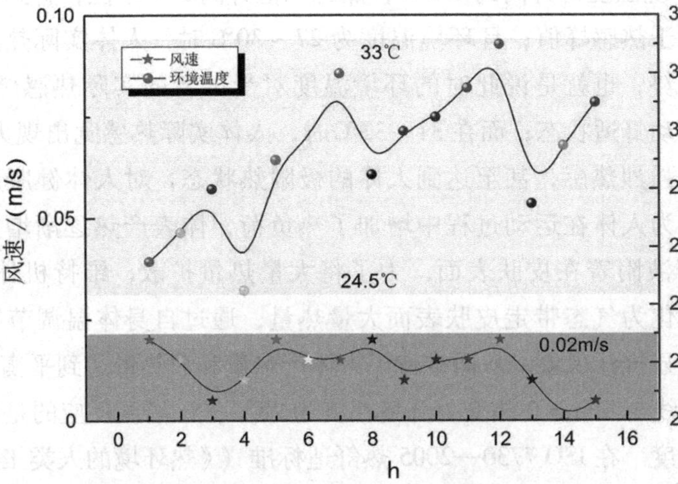

图 7-6　现场环境风速、环境温度参数实测数据

二、主观心理感觉评价

1. 热感觉

采用实际热感觉投票 TSV，将现场实验测试得到的不同环境温度工况作为自变量，将受试者实际热感觉投票 TSV 作为因变量，两者回归得到拟合方程，从图 7-7 可知环境温度与 TSV 的显著性 P 值小于 0.001，二者具有显著相关性，其拟合方程如下：

$$y = 0.5491x - 15.557,\ R^2 = 0.9865 \tag{9}$$

一般来说，R^2 超过 0.8 则认为拟合优度较高，从实际热感觉投票拟合方程以及经公式（4）（5）计算所得的决定系数 R^2 为 0.986 5，可以看出拟合的回归方程具有统计学意义，也就是说环境温度在一定程度上对受试者的热感觉起决定性影响。

由图 7-7 TSV 随环境温度变化可知，环境温度与实际热感觉 TSV 存在线性关系。在实验测试范围内，环境温度基本处在人体热感觉凉至偏热状态，即随着环境温度从 25℃升高到 33℃，受试者的实际热感觉投票值从 -2（凉）增加到 +3

（热），呈现出环境温度每升高约1.2℃，热感觉值升高1个单位，直到33℃达到极热状态后持续处于热感峰值；且环境温度为27～30℃时，人体实际热感觉发生小幅度波动变化趋势，也就是说此时的环境温度对受试者的实际热感觉影响较小，人体处于相对运动舒适状态；而在31～33℃时，人体实际热感觉出现大幅度升高，受试者开始出现强烈热感，甚至达到人体的极限热状态，对人体健康形成不利影响。这主要是因为人体在运动过程中增加了热负荷，体表产热逐渐增加，汗腺就会分泌出大量汗液附着在皮肤表面，为了将大量热量扩散，维持机体传热平衡，通过汗液液态转化为气态带走皮肤表面大量热量，通过自身体温调节系统使热交换增强，出现明显排汗现象，从而维持了人体产热量和散热量达到平衡。

TSV拟合直线与TSV＝0相交处环境温度为28℃，该温度反应的是受试者在运动时的热中性温度。在ISO 7730—2005热舒适标准（《热环境的人类工效学——用PMV和PPD指数的计算及局部热舒适度标准分析测定和解释热舒适度》）中，PMV指标的推荐值为－0.5≤PMV≤0.5，被视为公认的90%的人可接受环境温度，对应为27.4～29.2℃。而经现场受试者的实际热感觉调查问卷发现，TSV的可接受范围为－1≤TSV≤1，即26.7～30.1℃时被90%受试者认为是可接受环境温度。对比两者发现，在运动人体热舒适性研究中受试者实际能够接受的环境温度范围更高，反映了运动人体所特有的对高温环境的强耐受性，可见运动人体所反映出的耐热性相较于安静人群是有显著性差异的。之所以出现这种巨大的差异性，主要是因为人体在运动过程中，人体与环境间的热量传递会增强，为了维持机体的内环境稳态平衡，在短时间形成机体的自我保护机制，从而建立一种瞬间生理冷热适应性。

目前室内环境温度推荐值为25～27℃，而经过实验发现，此推荐值高值较国际标准推荐的环境温度范围的高限制值高了3.1℃，可有效降低夏季空调系统的制冷能耗，显示了体育场馆在夏季满足运动人群的热需求的同时显现巨大的节能潜力。因此，为了满足体育场馆的运动人群的热需求，保证人体运动过程中的人机工效的最佳状态，应提高空调系统所提供的制冷需求环境温度，避免形成强烈的运动热冷冲击，引起体内盐分、维生素缺失，这也对实现空调系统节能有着重要意义。

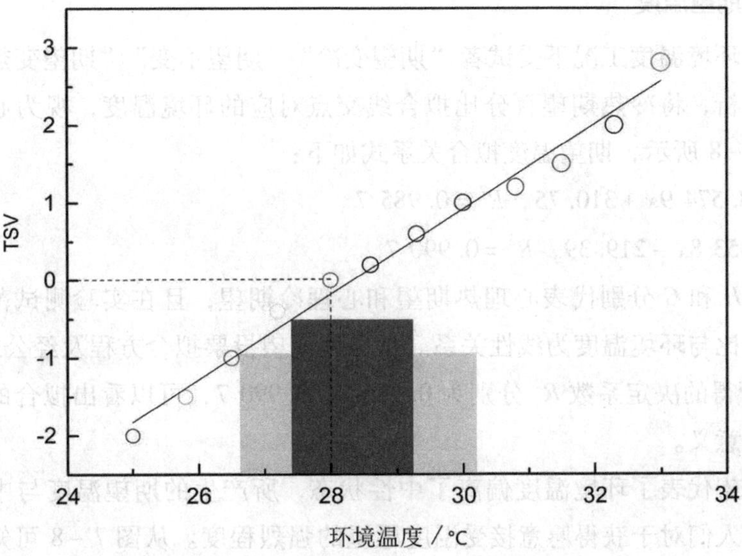

(a) 实际热感觉 TSV

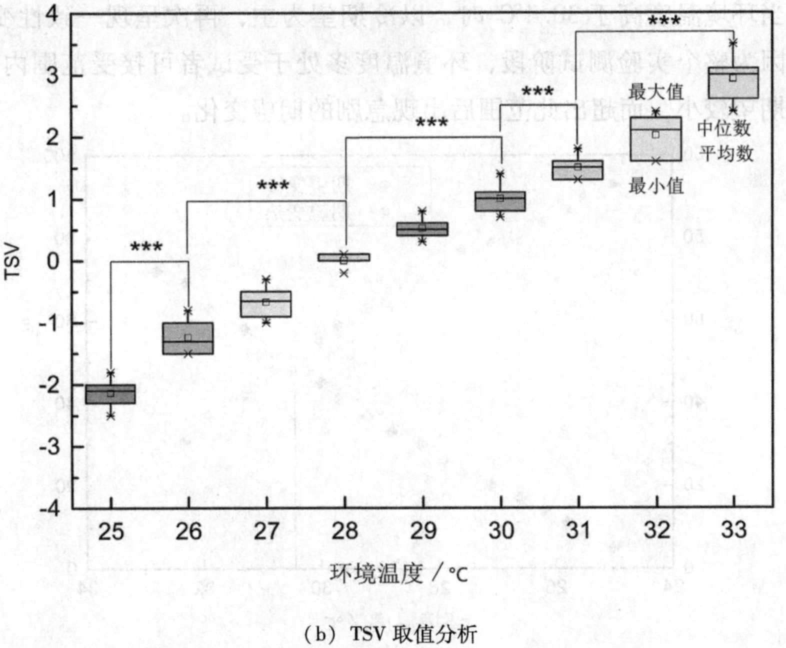

(b) TSV 取值分析

注：* 表示显著性 0.05 < *P* < 0.1；* * 表示显著性 *P* < 0.05；* * * 表示显著性 *P* < 0.005

图 7－7　不同环境温度对运动人体 TSV 的影响

2. 心理期望温度

对不同环境温度工况下受试者“期望变冷”“期望不变”“期望变热”的投票进行统计分析，将冷热期望百分比拟合线交点对应的环境温度，视为心理期望温度，如图 7－8 所示，期望温度拟合关系式如下：

$$H = -8.5749x + 310.75，R^2 = 0.9857 \tag{10}$$

$$C = 8.8538x - 219.39，R^2 = 0.9907 \tag{11}$$

式中：H 和 C 分别代表心理热期望和心理冷期望，且在实验测试范围内，冷热期望百分比与环境温度为线性关系。从心理期望投票拟合方程及经公式（4）和（5）计算所得的决定系数 R^2 分别为 0.985 7、0.990 7，可以看出拟合的回归方程具有统计学意义。

心理期望代表了环境温度偏离了中性状态，所产生的期望温度与中性温度的差异表达了人们对于获得愿意接受温度愿望的强烈程度。从图 7－8 可知，心理期望温度为 30.4℃；当环境温度低于 30.4℃时，以热期望为主，期望变化呈现一致性趋势；当环境温度高于 30.4℃ 时，以冷期望为主，再次呈现一致性变化趋势，这主要是因为整个实验测试阶段，环境温度多处于受试者可接受范围内，因此产生的心理期望较小，而超出此范围后出现急剧的期望变化。

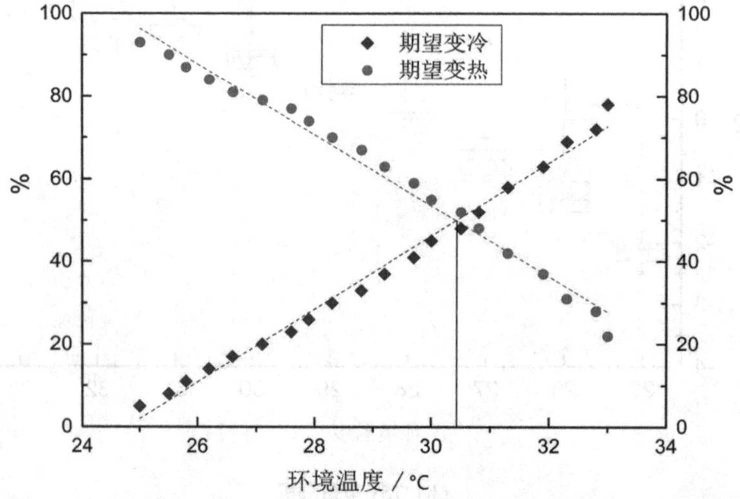

图 7－8　不同环境温度下的心理期望变化

在实验测试范围内受试者心理冷期望与心理热期望形成了“剪刀差”，交点为由心理热期望变为心理冷期望，也就是受试者期望变冷的人数显著高于期望变热的人数；并且期望温度高于中性温度，即冷期望温度（30.4℃）比中性温度（28℃）高2.4℃，这不仅反映了受试者良好的耐热性，同时也表达了受试者在偏离中性温度较高的环境下运动时，开始对环境温度的要求更高，心理期望更大。

3. 疲劳感觉评价

疲劳是运动后发生的必然现象，由于人体对环境具有适应性的调节行为，避免了过度的环境压力使运动人体的疲劳行为提前，因此疲劳感觉对运动人体的运动效果及热舒适性的研究至关重要。通过将实验得到的不同环境温度作为自变量，将受试者运动疲劳感觉投票作为因变量，两者线性回归得到拟合方程，如图7－9所示，可知环境温度与疲劳感觉投票的显著性 P 值小于0.05，二者具有显著相关性，其线性拟合方程如下：

$$y = 0.3633x - 8.8144,\ R^2 = 0.9906 \tag{12}$$

一般来说，R^2 超过0.8则认为拟合优度较高，从公式（12）可以看出拟合的回归方程具有统计学意义，也就是说环境温度在一定程度上对受试者的运动疲劳感觉起着决定性影响。

环境温度在受试者体育运动过程中产生的热传递，通过受试者的运动负荷增强，环境温度作为传递介质使得机体的耗氧量增大，乳酸积累，在氢钾交换泵的作用下钾离子外流，进而产生机体的疲劳感觉。图7－9（a）中的受试者疲劳感觉程度是从受试者发生疲劳时开始记录，具体以稍许疲劳（1）、疲劳（2）、非常疲劳（3）为权重来衡量人体的疲劳程度。在实验测试范围内分析发现，疲劳感觉程度与环境温度呈线性相关，并且受试者在相同运动强度与运动时间后，疲劳感觉程度呈现环境温度变化一致性趋势，也就是随着环境温度逐渐升高，受试者的疲劳程度也在逐渐增加：在25～29℃范围内，受试者处于初始疲劳阶段；29～31℃范围内，受试者处于疲劳阶段；直到32℃受试者达到非常疲劳的状态后，环境温度继续升高，受试者持续处于非常疲劳状态。因此，环境温度是引起人体疲劳感觉程度变化的关键性因素，温度越高，影响程度越显著，即高温强疲劳的特点。

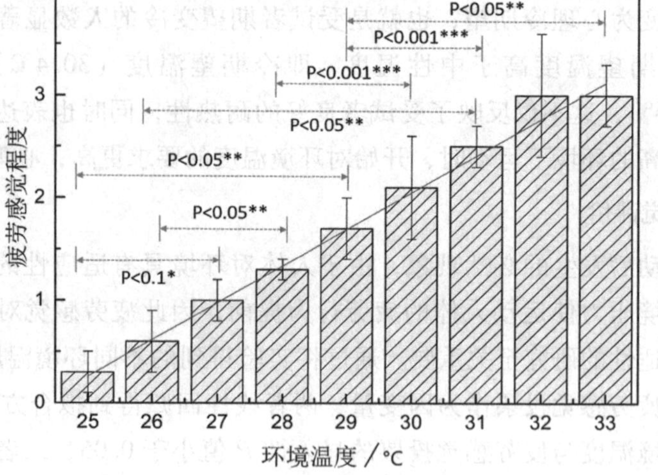

（a）疲劳感觉程度

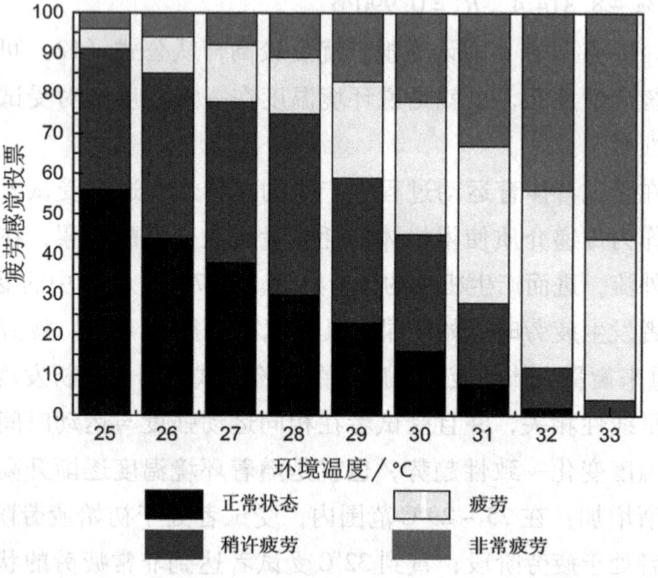

（b）疲劳感觉投票百分比

注：＊表示显著性 $0.05 < P < 0.1$；＊＊表示显著性 $P < 0.05$；＊＊＊表示显著性 $P < 0.01$

图7－9　不同环境温度下人体疲劳感觉投票

经现场实验疲劳感觉投票结果分析，从图7－9（b）疲劳感觉程度投票百分比可知，随着环境温度逐渐升高，疲劳感觉由“正常状态”“稍许疲劳”“疲劳”向“非常疲劳”方向转移，其中受试者认为“正常状态”时，随着环境温度的逐渐升高而降低，而“非常疲劳”时则随着环境温度的升高而增加，呈现对称分布的现象，这主要是因为环境温度的改变在一定程度上改变了运动人体的代谢环境，为了维持机体同环境间的传热动态平衡，导致系统自身调节功能增强，增加了运动人体的运动性应激负效应，从而增加了机体的心理性疲劳感觉。

当环境温度为31～33℃时，受试者处于热不接受阶段，此时85%以上的受试者认为处于运动强疲劳（＋2、＋3）状态，而环境温度为25～30℃时，受试者处于热可接受阶段，此时75%以上受试者认为自己处于弱疲劳（＋1）状态。这主要是因为当人体处于高温环境条件下运动时，由于运动导致机体自身产热量增大，而高温环境抑制了机体的自主散热，从而导致了运动疲劳的提前发生。可见，环境温度作为介质因子对受试者疲劳感觉投票产生了正态分布的影响，受试者的疲劳感觉等同环境温度呈现数理性变化，且27～28℃的疲劳感觉投票变化趋于稳定，即受试者适应性疲劳作用温度取值，作用机理在于高温环境下的运动疲劳表现属于潜在疲劳，是以机体热感觉为主的一种机体调节控制功能，主要是通过机体主观疲劳感觉保护机体运动不受热损伤，同时为了维持动态传热平衡，环境温度与机体热交换从侧面增强了机体的运动热负荷，使机体主观疲劳感觉增加。

三、客观生理反应

众所周知，建筑室内环境温度对人体产生综合性影响，主要通过对人体工作效率的影响结果及机理进行理论分析。具体来说，一方面借助人体的生理健康反应作为反馈机制，另一方面会对人体的自主新陈代谢产生一定程度的作用，这种双重影响共同作用于人体，造成人体的潜在健康危害。为了维持人体的生理舒适性，机体自主调节内环境稳态，对体育场馆环境温度的变化进行相应适应性生理调节，由于实验测试时间周期的限制，短时间内无法反馈出显著的对运动效率的影响，但人体的生理参数的变化可以反馈出生理机能状况。

通过以人体平均皮肤温度、血压及心率表征的生理参数为评价标准，反映出体育场馆环境温度对运动人体生理应激反应的影响机理。在整个实验测试期间，虽然人体出现了激烈的热应激反应，但人体的生理适应总体处于正常生理调节范围，具体测量结果如图 7－10 所示。

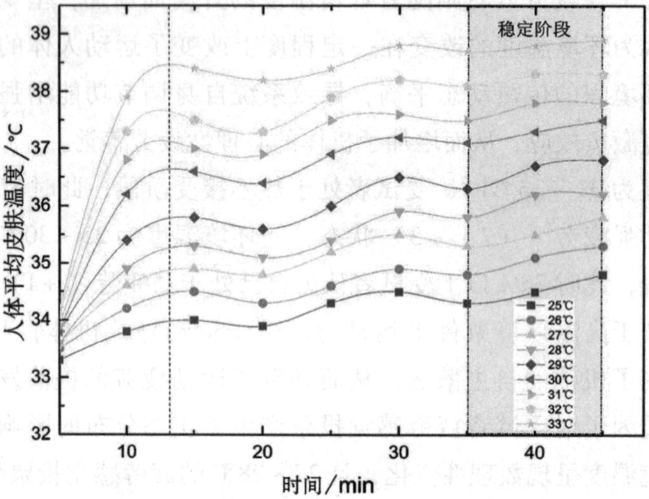

（a）随时间变化的人体皮肤温度

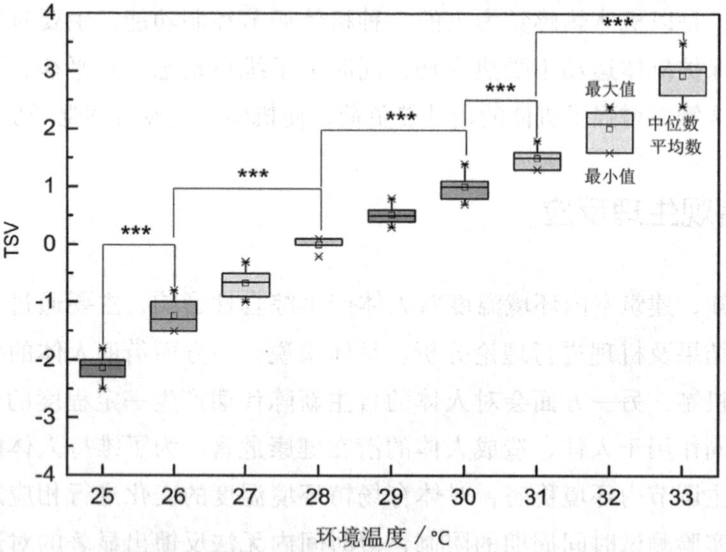

（b）人体平均皮肤温度变化

图 7－10　不同环境温度下受试者人体平均皮肤温度变化

1. 人体平均皮肤温度

皮肤温度是由人体核心至皮肤表面的热流与皮肤表面至环境散热之间的热平衡决定的，它是反映受试者对环境冷热应激程度及人体与环境之间热交换状态的一个重要生理参数。通过对人体平均皮肤温度测试数据进行描述性统计，如图7－10（a）所示，随着环境温度逐渐升高，机体自身为了维持温度恒定进行自身平衡调节，机体皮肤温度迅速上升，其所对应的平均皮肤温度分别为（34.2±2.0）℃、（34.4±1.4）℃、（35.1±1.1）℃、（35.3±0.7）℃、（36.0±1.0）℃、（36.2±0.6）℃、（37.0±0.4）℃、（37.2±0.5）℃、（37.5±0.3）℃，且28～30℃人体平均皮肤温度箱体几乎等同大小，说明人体平均皮肤温度处于稳定状态如图7－10（b）所示。同时在环境温度达33℃时基本达到峰值，且31～33℃时皮肤温度近似同一值，差异性动态变化较小。

随着运动时间逐渐增加，机体皮肤温度对环境冷热应激和热流量动态传递，机体皮肤温度呈波动性变化，由于运动后机体的瞬间消耗增大使新陈代谢加快，代谢产热与外环境热的联合作用增强，可使机体的内热蓄积量增加，从而皮肤温度呈现上升趋势，通过血液循环把体内热量输送给皮肤表面，大量汗液蒸发实现机体散热工效，出现瞬间降温，机体运动继续产热，皮肤温度升高，形成热冷循环。在运动时间35min内，平均皮肤温度总体呈上升趋势，且升温幅度逐渐减小，基本达到整个运动阶段的最高皮肤温度，随后进入稳定阶段。值得注意的是，皮肤温度的变化趋势均呈现先升高后降低的现象，这是因为运动使得机体产热，为了维持产热和散热动态平衡，机体需要通过血液循环降低人体核心扩散至皮肤表面的热量，继而通过汗液蒸发实现机体散热工效，出现降温现象。

2. 血压

人的血液输送到全身各部位需要一定的压力，这个压力就是血压。当人的心脏收缩时，动脉内的压力最高，此时内壁的压力称为收缩压（systolic blood pressure，SBP）；当人的心脏舒张时，动脉血管弹性回缩，血液暂时停止射入动脉，而已流入动脉的血液靠血管壁的弹力和张力作用继续流动，对血管壁仍有压力，这时的血压称作舒张压（diastolic blood pressure，DBP）。研究通过对收集的血压数据进行统计学分析，建立运动前、运动后人体的收缩压、舒张压差值随环境温度变化的趋势曲线。

一般来说，随着运动负荷逐渐增加，健康成年人运动后收缩压和舒张压均会有一定程度的下降。由测试前后人体血压的变化可知，随着环境温度逐渐升高，两者压差呈现先升高后降低的趋势，在环境温度为29℃、31℃时，收缩压具有显著性差异，而在29℃、31℃、32℃、33℃时，舒张压具有显著性差异；同时当环境温度高于30℃后，人体处于运动非常疲劳的状态，此时伴随着皮肤温度持续升高，人体的热负荷达到一定程度，人体生理机能无法满足运动需求，导致血压无法继续升高，并对健康造成损伤。

在实验测试范围内，人体的收缩压差值均大于0，舒张压除了32℃外均大于0，收缩压差值均大于舒张压差值，但整体都在人体正常血压范围；收缩压在6～19Pa范围内波动，舒张压差值较小，在0～6Pa范围内波动，32℃时舒张压出现临界值，说明运动与环境温度协同作用后机体大量出汗，电解质和水分流失，血管压力降低，血压出现下降现象；随着环境温度逐渐升高，两个压差均呈现先增加后降低的变化规律，一段时间后血压有略微反弹的迹象，整体趋势存在统计学差异，在29～30℃时出现峰值，说明在30℃后热刺激显著引发了血压下降，增加了机体心血管系统的负担。

3. 心率变异

心脏搏力是由心脏的舒张和收缩导致的，运动心率是人体在运动时保持的心率状态，而一个合适的心率是达到最佳的运动效果的前提条件。由图7－11人体运动前后的心率变异可知，在实验测试环境温度25～33℃范围内，环境温度与人体心率变异呈正态分布，表现出随着环境温度逐渐升高，测试前后受试者心率变异趋势呈现相同周期性变化。同时，受试者经过等同时间的运动后的心率均远高于运动前相对安静状态，这是因为在热环境中运动导致机体出汗量增加，机体循环血量减少，心率反应性升高。其中，在25～31℃时，心率呈现先增长后降低，在31℃后心率缓慢增长，对机体运动安全形成潜在安全隐患。

进一步分析运动前后人体的心率随环境温度的变化发现，在不同环境温度时有不同的差异性，但两者均在高温环境（31～33℃）时呈现显著性差异；不同的是高温环境（31～33℃）时，经运动带给人体心率的急速增加，即使出现下降拐点，整体呈现弱减少的现象，仍比30℃时高5bpm；而安静状态时人体即使在高温

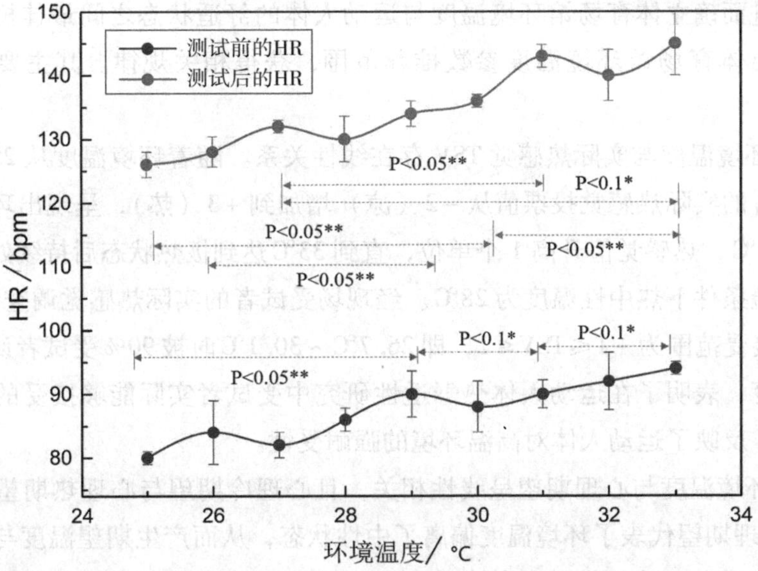

注：＊表示显著性 $0.05 < P < 0.1$；＊＊表示显著性 $P < 0.05$；＊＊＊表示显著性 $P < 0.01$

图 7－11　不同环境温度下人体运动前后的心率变异程度

环境下，心率虽然出现增长趋势，但整体来说以弱增长为主，约 3～4bpm。可见当人体处于运动状态时，环境温度对人体的心率变异程度影响更为显著，其产生的心率变异对于运动健康的影响至关重要。

第六节　运动舒适性评价

经现场实验调查分析发现，体育场馆环境温度对运动人体主观心理感受和客观生理反应存在显著性影响。以热感觉、热满意率、心理期望和疲劳感觉认知表征主观心理参数，以皮肤温度、血压和心率变异等表征客观生理参数，实现对人体的应激表现进行客观测量指标的评价，反映出体育场馆环境温度对运动人体的综合作用关系，合理评估体育场馆环境温度对运动人体的热舒适性的定量影响关系，从而针对体育场馆环境温度建立兼顾主观心理评价和客观生理反应等因素综合影响，进而确立体育场馆环境温度与运动人体的舒适状态之间最佳模式的匹配关系，给出体育场馆环境温度参数推荐范围，获得相关规律。其主要研究结论如下：

（1）环境温度与实际热感觉 TSV 存在线性关系。随着环境温度从 25 ~ 33℃升高，受试者的实际热感觉投票值从 -2（凉）增加到 +3（热），呈现出环境温度每升高约 1.2℃，热感觉值升高 1 个单位，直到 33℃达到极热状态后持续处于热感峰值。该实验条件下热中性温度为 28℃。经现场受试者的实际热感觉调查问卷发现，TSV 的可接受范围为 $-1 \leqslant TSV \leqslant 1$，即 26.7℃ ~ 30.1℃时被 90% 受试者认为是可接受环境温度，表明了在运动人体热舒适性研究中受试者实际能够接受的环境温度范围更宽，反映了运动人体对高温环境的强耐受性。

（2）环境温度与心理期望呈线性相关，且心理冷期望与心理热期望形成“剪刀差”。心理期望代表了环境温度偏离了中性状态，从而产生期望温度与中性温度差异，表达了人们对于获得愿意接受温度愿望的一种强烈程度。实验测试范围的冷期望温度（30.4℃）比中性温度（28℃）高 2.4℃，这不仅反映了受试者良好的耐热性，给出了受试者耐热性的变化规律，同时也表达了受试者在偏离中性温度较高的环境下运动时，受试者开始对环境温度的要求更高，心理期望更大。

（3）环境温度对运动人体疲劳感觉评价呈正态分布，具有显著相关性。当环境温度为 25 ~ 30℃时，受试者处于热可接受阶段，此时 75% 以上受试者认为处于弱疲劳（+1）状态；环境温度为 31 ~ 33℃时，受试者处于热不接受阶段，此时 85% 以上的受试者认为处于运动强疲劳（+2，+3）状态。可见，环境温度是引起人体疲劳感觉程度变化的关键性因素，温度越高影响程度越显著，即高温强疲劳的特点。

（4）通过非线性拟合分析了环境温度和实际热感觉投票、疲劳感觉投票之间的量化关系，发现体育场馆环境温度在一定程度上吻合了中性温度取值，且偏离阈在 0.5℃以内，满足了受试者在体育场馆内运动时的适宜环境热需求。兼顾实际热感觉和疲劳感觉的满意率的综合影响，得到受试者运动行为热舒适性的环境温度参数推荐范围，即 27 ~ 29℃，高值较国际标准中所规定的室内环境温度的最高限制值提高了 2℃，可有效降低夏季空调系统的制冷能耗，显示了体育场馆在夏季满足运动人群的热需求同时显现巨大的节能潜力。

（5）环境温度对运动人体客观生理反应具有统计学差异，人体平均皮肤温度、血压和心率变异呈现趋同性变化趋势，吻合了受试者主观感觉评价对环境温度的界定。当环境温度高于30℃后，运动与环境温度产生协同作用，人体热感觉强烈，处于非常疲劳的状态，此时皮肤温度持续升高，热负荷达到一定程度，生理热应激反应更加强烈，人体生理机能无法满足运动需求，导致血压、心率无法继续升高，但生理适应处于正常调节范围。

由于研究针对体育场馆的运动人群，因此获得的结论可为“第八章　体育场地环境温度参数设计”提供参考标准。

第八章 体育场地环境温度参数设计

运动建筑较其他建筑群的热环境不同，针对运动与安静人群的舒适性环境热需求也不同，尤其是运动人群还应重点关注其运动健康的问题。因此，对于运动人体的体育场馆热环境合理控制应以满足热舒适性和生理健康双效作用为提升目标。本章发现了适用于运动人体的耐热性规律，得出运动人体在不同环境温度下的定量影响关系，并基于热环境满意率和健康合格率的双效满足原则，建立体育场馆环境与运动人体舒适性的有效耦合，确立体育场馆环境温度与运动人体的舒适状态之间最佳模式的匹配关系，提出了运动人体的需求环境温度，体现了体育场馆所特有的巨大的空调系统制冷节能潜力，并为合理设计体育场馆环境温度参数范围奠定了理论依据。场地运动热环境参数设计优化，体现了国家和政府对运动人群的关爱，体现了国家在大力发展体育场地的同时，将体育场地环境质量的提升也高度重视起来，这些是国家近年来国力增强的表现，是社会进步的表现。体现出了一种人文关怀。同时，也体现出了国家对低碳环保和可持续发展的双重重视。

依据第七章提出的体育场馆热环境对运动人体的影响应采用一个多维的研究方向，建立了一个适用于体育场馆热环境中运动人体的舒适性评价综合因素分析评价模型，而热舒适评价模型以人体热平衡方程为基础，以热舒适方程 PMV 为预测指标，由于现有的热舒适方程的人群局限性，导致无法应用于运动人体的热舒适评价中，因而通过第四章现场实验调查研究，生理和心理应激反应受不同的多样性驱动因素之间相互作用，使环境温度和人体的客观表现、主观表现实现交互影响，获得了人体的环境热中性温度（28℃），以此进一步改进现有的热舒适方程；最后以人体主观心理感觉和客观生理反应为舒适性评价指标，建立环境温度与人体主观心理感受、客观生理需求的量化关系，得出满足运动人体的需求环境温度参数范围。

第一节　环境温度与运动人体热舒适性评价

一、热舒适模型

人体热舒适模型是安静状态或低代谢条件下的以物质能量守恒和能量转化原理为基础，通过分析人体自身产热的机理、散热的机制及影响散热的因素等，依据自然界中物体散热的定律，给出热舒适方程物理项的数学表达式，如公式（1）所示：

$$PMV = \left[0.303exp\left(-0.036\frac{M}{A}\right)+0.0275\right]\begin{Bmatrix}\frac{M(1-\eta)}{A}-0.408\left[43-0.061\frac{M(1-\eta)}{A}-P_a\right]-0.49\left[\frac{M(1-\eta)}{A}-50\right]- \\ 0.00145\frac{M}{A}(34-t_a)-0.00228\frac{M}{A}(44-P_a)-3.91\times10^{-8}f_{cl} \\ \left[(t_{cl}+273)^4-(t_{mr}+273)^4\right]-f_{cl}\alpha_c(t_{cl}-t_a)\end{Bmatrix} \tag{1}$$

式中：A 为人体表面积（m^2）；η 为人体对外做功系数（无量纲）；P_a 为周围空气水蒸气分压力（Pa）；t_a 为人体周围空间环境温度（℃）；f_{cl}表示服装面积系数，是着装的人体表面积与裸体表面积之比；t_{cl}为着装的人体体表平均温度（℃），由于着装人体外表平均温度的测定比较困难，所以通常采用加权平均测温法；t_{mr}为环境辐射温度（℃）；α_c 为对流换热系数［W/（$m^2\cdot K$）］。

根据公式（1）可知，人体热舒适方程与平均皮肤温度息息相关，而平均皮肤温度在衣着区域与非衣着区域具有显著差异，因此必须解决影响人体热平衡生理过程的不同区域的平均皮肤温度的计算，其受不同运动水平所具有的代谢率的影响明显。通过对预测 PMV 指标的推导包含了对皮肤温度与运动水平的线性关系，通过实验测量了热中性条件下受试人员在 4 种运动水平，即静坐、低运动水平、中等运动水平和较高运动水平的皮肤温度数据，通过这些数据推导出皮肤温度和运动水平的线性关系，但由于在进行该实验时的样本容量仅有 20 名，且现场实验过程中所采用的热中性条件并未在现场实验过程中对所有参与实验人员直接进行主观热感觉投票，验证现场实验过程中的中性条件是否符合不同运动水平的受试者，再一次证明 PMV 指标所表征的范围是存在局限性的，因此可能导致实验结果存在误差；另外根据目前众多学者的研究发现，不同条件下的人群舒适差异性较大，而研究较为单一，相对应产生的实验结论是否适用于所有人仍有待研究。

根据第七章的受试者实际热感觉投票，对人体主观热感觉的研究表明，在接近热中性条件下时，人体此时的热平衡状态是舒适的，但如果偏离热中性条件较大时，则人体的热平衡状态的热舒适性大大降低，可见所处环境与中性条件的偏离值的大小能够实现对人体热舒适性的进一步探究。周翔通过严格控制环境温湿度、风速等环境参数及受试者的着衣量和活动水平等，在人工气候实验室内展开了 26 ~ 32℃条件下的人体热舒适性的实验研究，研究表明：当室内温度在中性温度附近时，热感觉不受温度的影响；偏离中性温度处于偏热状态时，人体热感觉受温度的影响具有显著性；因此，中性温度可以作为环境对人体产生的心理、生理影响的基准，建立以热中性感觉为基础的热平衡理论上的 PMV 模型在评价环境热舒适时，应对其实际热中性感觉进行现场实验投票，在获得的实际中性温度的基础上，进一步展开对现有 PMV 模型的完善。

二、完善现有热舒适模型

人体与客观环境，以及人体机体内部之间的热力平衡是导致人体热舒适模型变化的主要原因。从体育场馆热环境上来说，建筑物理结构特殊性在一定程度上决定了热环境的特性，也就是说体育场馆环境参数的综合作用承担着人体与环境间的对流、辐射、导热、蒸发等方式所进行的热量交换。热量在传递过程中的失衡，偏热或偏冷都会导致人体存在明显的不舒适性，并导致人体发生过度热应激反应；加之人体对环境具有一定依赖性，这种依赖因素是建立在对环境的冷热需求基础上，是为了满足人体的心理及生理选择偏好，从而能够保证人机工效最佳的一种手段。如何判断该环境下人体是否处于偏热或偏冷条件，是否应该对体育场馆热环境进行合理调控，则必须实现人体对热环境评价的真实准确性，因此建立合理的人体热舒适性的评价模型显得至关重要。

由于不同状态人群的热需求、心理期望及承受能力等特点具有差异性，在对人体热舒适评价模型应用选择时，所采用的评价模型应针对适用人群的特点。高温环境下的运动人体的冷热交换特性，使机体的得失热量不能完全通过对流、辐射及蒸发散热模型准确预测。本章选择以运动状态的人群为研究对象，而目前对运动人群的热舒适性研究仍较为缺乏，以期建立适用于运动人体的热舒适评价模型。

运动人体较其他状态的人群具有显著性差异。由于夏季在进行运动时，人体的衣着覆盖率相对较小，伴随着人体的自身产热量增大，人体与环境间的热交换明显增强，因此建立适用于运动人体的热舒适模型需要考虑运动人体皮肤表面散热量大大增强的问题。对于人体皮肤表面的衣着覆盖，具体分为衣着覆盖区域，以及与环境直接接触的裸露区域，因此皮肤温度的分区域计算对运动热舒适性研究显得尤为重要。通过对运动人体着衣与裸露区域的皮肤温度的分部计算，充分平衡人体与热环境之间的对流、辐射、蒸发过程中产生高换热量，协调人体的生理热调节行为，避免生理应激超出人体的正常调节范围，严重违反了运动的初始目的，对人体的生命健康造成危害。

本章对夏季某地区的体育场馆的运动人群的热舒适性展开了充分的调研分析，通过现场实验过程中对运动人体实际热感觉的问卷调查及生理监测，获得运动人体的中性温度（舒适温度），结合皮肤温度与环境温度之间的相互关系，得到该中性温度条件下的运动人体的平均皮肤温度，以此来完善方戈（Fanger）教授在实验过程中所缺乏的主观热感觉调查，减小对人体舒适皮肤温度的误差。有关以皮肤温度的分区域计算为核心而展开的对人体对流、辐射及蒸发扩散的改进，如下述公式所示。

1. 人体皮肤温度分区域理论

值得注意的是，运动人体服装热阻小且覆盖率较低，因此在计算运动人体平均皮肤温度时，采用着衣、裸露部位的分区域计算理论，以热传导为基础的理论技术，实现以局部面积加权和各部位的对流及辐射传热系数为依据的计算标准，也就是将人体皮肤温度通过传热系数和皮肤面积加权来得到平均皮肤温度的计算公式，如公式（2）、（3）、（4）、（5）所示。

$$t_d^0 = \frac{\sum_{i=1}^{m}\left(\frac{h_m + h_{cm}}{h_r + h_c}\right)\left(\frac{A_{sm}}{A_s}\right)T_m}{m} \tag{2}$$

$$t_{nd} = \frac{\sum_{i=1}^{n}\left(\frac{h_n + h_{cn}}{h_r + h_c}\right)\left(\frac{A_{sn}}{A_s}\right)T_n}{n} \tag{3}$$

$$h_c = 12.1V^{0.5}\ (0.1 \leqslant v \leqslant 3) \tag{4}$$

$$h_r = \sigma\varepsilon f_{eff}k \tag{5}$$

式中：t_d^0 代表着衣部位平均皮肤温度分量总和（℃）；t_{nd} 代表裸露部位平均皮肤温度分量总和（℃）；m 代表人体着衣部位测温点；n 代表人体裸露部位测温点；T_m 代表 m 部位皮肤表面的温度（℃）；T_n 代表 n 部位皮肤表面的温度（℃）；A_s 代表人体的有效放热面积（m^2）；A_{sm} 代表人体着衣部位的皮肤放热有效表面积（m^2）；A_{sn} 代表人体裸露部位的皮肤放热有效表面积（m^2）；h_c 代表人体表面对流传热系数［W/（m^2·K）］；h_r 代表考虑了二次人体辐射时的辐射传热系数［W/（m^2·K）］；h_{cm} 代表人体着衣部位的局部对流传热系数［kcal/（m^2·h）］；h_{cn} 代表人体裸露部位的局部对流传热系数［kcal/（m^2·h）］；v 代表风速（m/s）；σ 为玻尔兹曼常数［取 5.67×10^{-8} W/（m^2·K）］；ε 代表着装人体外表面平均黑度，即辐射系数，无因次；f_{eff} 代表人体有效辐射面积，取 0.71；k 为有关辐射传热的温度因数。

2. 服装热阻

ISO 7730—2005 中的热舒适标准指出，在研究人体需求环境温度时，服装热阻是必不可少的因素之一。一般来说，人在运动时处于动态阶段，伴随着运动速度的产生，与环境之间会形成相对流速，这种运动速度所产生的相对流速会降低服装的表面热阻，对显热、散热存在作用，从而影响人体皮肤温度的波动，其热阻值可用下式估算：

$$I_{cl} = \frac{100 - (12.3 + 12.5 \times I_{cl}^0) \times v_w}{100} I_{cl}^0 \tag{6}$$

式中：I_{cl}^0 代表着衣部位衣服服装原热阻（clo）；v_w 代表运动速度（m/s）；I_{cl} 代

表着衣部位服装实际热阻（clo）。

3. 受服装热阻作用的人体平均皮肤温度

人体平均皮肤温度是作为评估人体热舒适性及健康的一项重要生理指标。由公式（6）可知，人体着衣区域的服装热阻会随着相对流速的产生而降低，而服装热阻通过抑制体内热量的散发而对人体与环境间的热交换形成影响。着衣区域人体实际皮肤温度如公式（7）所示：

$$t_d = t_d^0 - 0.155 I_d \{3.91 \times 10^{-8} f_{cl} [(t_d^0 + 273)^4 - (t_a + 273)^4] + h_c f \mathrm{cl} (t_d^0 - t_a) + 3.05 \times 10^{-3} (254 \times f_{cl} {}_d^0 - 3\,335 - P_a)\} \quad (7)$$

式中：t_d 代表着衣部位实际平均皮肤表面温度（℃）；I_d 代表服装表面温度（℃）；t_a 代表人体周围环境温度（℃）；f_{cl}代表服装面积系数；P_a 代表人体周围空气中的水蒸气分压力（Pa）。

利用上述公式对运动人体着衣区域的皮肤温度的计算，以及裸露区域的实测值的加权平均，进一步完善运动人体与体育场馆热环境间的对流、辐射、蒸发散热公式，如公式（8）、公式（9）、公式（10）。

4. 辐射换热

通过引入人体皮肤温度的分区域计算理论，提出人体与环境间的辐射换热量应定义为两部分，一部分为着衣区域人体的辐射换热量，另一部分为裸露区域的辐射换热量，将两者有机组合，获得运动人体表面与体育场馆热环境辐射换热的总换热量，公式如（8）所示：

$$E_{rad} = \varepsilon_y f_{cl} E_{rad着衣} + \varepsilon_f (1 - f_{cl}) E_{rad裸露}$$
$$= \sigma f_{eff} [\varepsilon_y f_{cl} (t_d^4 - T_a^4) + \varepsilon_f (1 - f_{cl}) (t_{nd}^4 - T_a^4)] \quad (8)$$

式中：ε 为着装人体外表面平均黑度，即辐射系数，无因次；T_a 为环境的平均辐射温度（K）。通常情况下，人体的有效辐射面积系数取 0.71，着装部位人体表面平均黑度取 0.95，裸露部位人体表面平均黑度取 0.97。

5. 对流换热

依据上述运动人体表面与体育场馆热环境间的辐射换热的总换热量的描述，推断出运动人体表面与体育场馆热环境的对流换热的总换热量与其具有一致性，如公式（9）所示：

$$E_{conv} = f_{cl} E_{conv着衣} + (1 - f_{cl}) E_{conv裸露}$$
$$= h_c [f_{cl} (t_d - t_a) + (1 - f_{cl}) (t_{nd} - t_a)] \tag{9}$$

6. 蒸发换热

蒸发换热是人体向环境散热的一个重要途径。当环境温度越接近皮肤温度时，由辐射和对流散失的热量越少；当环境温度低于皮肤温度时，则主要通过辐射、对流和潜热蒸发散热的方式进行人体的热交换；而当环境温度高于皮肤温度时，身体还会从环境中得热，进而连同体内产生的热量一起，只有靠蒸发才能散失。而运动人体具有自身产热量大的特点，导致运动人体必须尽快将热量散发到环境中，维持人体的内环境稳态，热量散发的过程中显热蒸发散热为主要方式，因此蒸发换热对运动人体而言具有特殊意义，是保障人体内部热量平衡的前提条件。蒸发热交换的总换热量，如公式（10）所示：

$$E_d = 3.05 \times 10^{-3} \{254 [f_{cl} t_d + (1 - f_{cl}) t_{nd} - 3\,335 - P_a]\} \tag{10}$$

7. 改进热舒适方程

综上所述，本章以实际热中性温度为依据，结合 4.3 现场实验生理参数数据研究，获得中性温度条件下的人体舒适皮肤温度取值为 35.5。通过分区域计算皮肤温度的方法，利用公式（8）、公式（9）、公式（10）实现以皮肤温度为核心的人体热舒适方程的进一步完善，如公式（11）所示：

$$PMV = [0.303 exp(-0.036 \frac{M}{A}) + 0.027\,5] \{\frac{M(1-\eta)}{A} -$$
$$0.408 \{1.92 [f_{cl} t_d + (1 - f_{cl}) t_{nd} - 25.3 - \frac{P_a}{131.6}]\} -$$
$$0.49 [\frac{M(1-\eta)}{A} - 50] - 0.001\,45 \frac{M}{A} (35.5 - t_a) -$$
$$0.002\,28 \frac{M}{A} (44 - \frac{P_a}{131.6}) - 3.91 \times 10^{-8} \{0.98 f_{cl} [(t_d + 273)^4 -$$
$$(t_a + 273)^4] + (1 - f_{cl}) [(t_{nd} + 273)^4 - (t_a + 273)^4]\} -$$
$$h_c [f_{cl} (t_d - t_a) + (1 - f_{cl}) (t_{nd} - t_a)]\} \tag{11}$$

人体热舒适模型是一个融合多重因素形成的对人体的主观感觉和客观生理的综合反应机制，它代表了人体对所处环境的一种客观评价方式，旨在为人体提供适宜的环境条件，保障人体的健康需求，维持人与环境的双效适应性。通过建立以运动人体热舒适方程为基准的评价指标，提出分区域计算人体皮肤温度的理论，并对人体着衣表面的服装热阻进行重新估算，进而实现对运动人体对流、辐射、体表蒸发扩散等人体热交换的完善。

运动人体热舒适模型所建立的人体热舒适性关系为人体自身进行的生理循环热调节及各项生理参数（包括皮肤温度、新陈代谢、血压等）的变化奠定分析基础，更为运动人体实际主观心理热反应提供分析平台，创造了基于人体自身生理循环热调节和热反应传递为基准的良好的舒适性热反应预测系统，最终达到热舒适研究的目的。

第二节　匹配运动人体的需求环境温度参数

如图 8－1 为热满意率和健康合格率的相互关系，提出兼顾运动人体舒适性及生理健康的双重作用机制，最大限度地降低体育场馆环境对运动人体行为活动的影响。

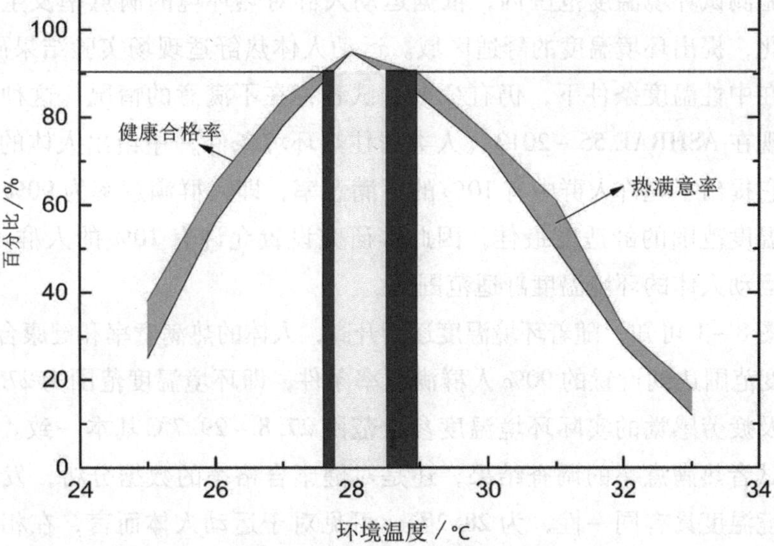

图 8－1　热满意率和健康合格率的相互关系

满足人体需求的适宜的环境温度参数范围，一般定义为人体可接受的实际环境温度范围；同时依据人体的热舒适评价模型，为需求环境温度参数的匹配添加了一项参考指标，也就是图 8 - 1 中所示的健康合格率。健康合格率指的是人体在运动过程中，与环境之间的热交换所引起的人体生理热应激反应，该应激反应在本研究中借助皮肤温度、心率及血压作为指标参数，寻求这三个参数所对应的受试者身体机能状态。在实验过程中人体的生理调节均处于正常范围内，但从实测客观生理反应与环境温度的量化关系，以及 P 值与效应量分析，不难看出人体在实验测试范围的最高值 33℃时，生理热应激强烈，介于超出人体正常生理调节的临界点；而生理参数的波动到达限制值是一个人健康发生变化的重要原因，因此此处提出健康合格率。

目前，体育场馆建筑内的空调系统调节的环境温度，偏离了人体的中性温度条件，导致很难达到热舒适状态，所以需要对环境温度的推荐范围进行重新确定，目的是营造一个使运动人群感到更加舒适的体育场馆热环境。在第七章的研究中，分别建立了环境温度与热感觉、心理期望、疲劳感觉及生理参数的量化函数关系，以期以主观感觉和客观生理反应的有效组合，确定运动人体所需求的环境温度的取值范围。

在实验测试环境温度范围内，依据运动人群对热环境的满意率及生理健康的稳定性变化，提出环境温度的舒适区域。运动人体热舒适现场实验结果研究发现，即使环境在中性温度条件下，仍有少数受试者存在不满意的情况。这种不满意的情况也出现在 ASHRAE 55 - 2013《人类居住热环境条件》中给出人体的室内舒适区域中，它提出了允许人群中有 10% 的不满意率，即人群满意率为 90% 就可以认为该环境温度范围的舒适度最佳，因此本研究设置允许有 10% 的人群不满意率，进而获得运动人体的环境温度舒适范围。

根据图 8 - 1 可知，随着环境温度逐渐升高，人体的热满意率和健康合格率几乎在同一温度范围达到设置的 90% 人群满意率条件，即环境温度范围为 27. 5 ~ 29℃，与热满意及疲劳感觉的实际环境温度参数范围 27. 8 ~ 29. 7℃ 基本一致。另外，不论是对受试者热满意率的调查结果，还是对健康合格率的数据分析，发现两者所对应的环境温度具有同一性，为 28. 2℃，可见对于运动人体而言，在相对舒适的环境温度范围内从事体育运动时，不仅会对人体的主观心理感受产生积极影响，而且还会对人体的生理健康具有促进作用，从而保证了运动的最佳工效。综合上述分析，得出基于设置的10%的人群不满意率的前提条件下，获得了体育场馆的运动人体的舒适温度阈，具体满足运动人体热需求的环境温度推荐范围为27～29℃，阈值波动控制在0.5℃以内；基于主观心理感受和客观生理反应双效匹配的环境温度阈，有利于夏季空调系统能耗的降低，更为竞技运动提高运动效果奠定了环境需求基础，又满足了全民健身的健康需求目的，还为完善运动建筑热环境设计标准提供了参考依据。

本章依据运动建筑中运动人体的特殊热需求，提出体育场馆热环境的合理控制应以满足运动人体的热舒适性和生理健康双效提升为目标。通过现场实验过程中对运动人体实际热感觉的问卷调查及生理监测，获得运动人体的中性温度（舒适温度），在此条件上实现对现有热舒适方程的完善改进；以人体主观心理感觉和客观生理反应为舒适健康评价指标，建立环境温度与人体主观心理感受、客观生理需求的量化关系，进一步探究环境温度和人体的客观、主观表现的交互影响，给出了人机工效最佳的健康环境温度参数，并为完善运动建筑热环境设计标准提供了参考依据。其主要结论如下：

（1）分析了PMV指标所表征的范围存在的局限性，以及实验结果无法应用于运动人群的问题；并分析了不同状态人群的热需求、心理期望及承受能力等特点具有差异性，给出了中性温度可以作为环境对人体产生的心理、生理影响的基准，提出应进行现场实验投票获得实际热中性温度，建立以热中性感觉为基础的热平衡理论上的PMV模型。

（2）考虑高温环境下运动人体的冷热交换特性，使机体得失热量不能完全通过对流、辐射及蒸发散热模型准确预测。运用中性温度指标，引入分区域计算人体平均皮肤温度理论，实现了对运动人体对流、辐射、体表蒸发扩散等人体热交换的完善，进而建立以运动人体热舒适方程为核心的热舒适评价指标，融合运动人体的主观心理感觉和客观生理反应的多重因素的综合评价模型，以此创造了基于人体自身生理循环热调节和热反应传递为基准的良好的舒适性热反应预测系统。

（3）综合考虑运动人体舒适性及生理健康的双重作用因素，最大限度地降低体育场馆热环境对运动人体行为活动的影响。建立了热满意率、健康合格率与环境温度的量化函数关系，提出设置10%的受试者的不满意率；基于主观心理感受和客观生理反应双效匹配，获得了体育场馆的运动人体的舒适健康热环境，满足运动人体需求的环境温度推荐范围为27～29℃，温度阈值波动控制在0.5℃以内；有利于夏季空调系统能耗的降低，更对竞技运动提高运动效果奠定了环境需求基础，又满足了全民健身的健康需求目的。

参考文献

[1] 鲍明晓. 以新时代改革开放，统领体育强国建设 [J]. 体育科学，2019，39（3）：13－18.

[2] 北京市建筑设计研究院，体育建筑设计规范：JGJ 31—2003 [S]. 北京：中国建筑工业出版社，2003.

[3] 卜云龙，江耀，杨仁全，等. 浅层地能热泵技术在生态温室中的夏季降温试验研究 [C] //中国农业工程学会，中国农业大学，北京农业工程学会. 2008 农业生物环境与能源工程国际论坛论文集. 北京京鹏环球科技股份有限公司，北京市农业机械研究所，2008：107－113.

[4] 曹彬，朱颖心，欧阳沁，等. 不同气候区住宅建筑冬季室内热环境及人体热适应性对比 [J]. 清华大学学报（自然科学版），2012，52（4）：499－503.

[5] 曹彬. 气候与建筑环境对人体热适应性的影响研究 [D]. 北京：清华大学，2012.

[6] 陈墅香，陈滋晨，刘埗. 闽南校园人工湿地夏季降温效应研究——以华侨大学厦门校区为例 [J]. 福建建筑，2015（9）：82－85.

[7] 陈墅香. 闽南校园湿地夏季降温效应 [D]. 泉州：华侨大学，2013.

[8] 陈正洪，王祖承，杨宏青，等. 城市暑热危险度统计预报模型 [J]. 气象科技，2002，30（2）：98－101.

[9] 持田彻，储兆福. 平均皮肤温度计算公式的工程学研究——用传热系数和皮肤面积加权的平均皮肤温度 [J]. 建筑技术科研情报，1978（1）：100－109.

[10] 戴耕. 绿色律动——建筑垂直绿化在上海世博会场馆设计中的运用 [J]. 安徽建筑，2011，18（2）：42－44.

［11］董巧慧．体育场馆能耗调控分析［D］．西安：西安建筑科技大学，2011．

［12］黄晓丹．广州地区体育训练馆的运动热舒适度研究［D］．广州：华南理工大学，2016．

［13］纪秀玲，王保国，刘淑艳．江浙地区非空调环境热舒适研究［J］．北京理工大学学报，2004，24（12）：1100－1103．

［14］季泰，袁伟琪，李登峰，等．环境参数对运动人体热舒适性影响的理论模型与实验研究［J］．体育科学，2015，35（3）：67－72．

［15］季泰，袁伟琪，杨剑，等．体育馆运动人体热舒适性的改进模型与实验调查［J］．建筑热能通风空调，2017，36（5）：11－15．

［16］蒋婧．热舒适与学习效率综合作用的西北乡域教室冬季热环境优化研究［D］．西安：西安建筑科技大学，2018．

［17］李东东．基于广州地区热环境的训练馆动态动态适应性设计策略研究［D］．广州：华南理工大学，2017．

［18］李晋．体育馆形态非对称性对运动场地自然通风及热舒适性的影响［J］．华南理工大学学报（自然科学版），2013，41（3）：83－89．

［19］李敏，曹斌，欧阳沁，等．北京地区大学教室热舒适长期调查研究［J］．暖通空调，2014，44（12）：67－70．

［20］李树林，李夏莉．制冷空调与环境［J］．制冷空调与电力机械，2009，30（1）：63－65．

［21］李中文，胡果，杜尚泽．习近平在会见全国体育先进单位和先进个人代表等时强调 开创我国体育事业发展新局面 加快我国建设成为体育强国［N］．人民日报，2017－08－28（1）．

［22］连之伟，刘蔚巍．空调房间气流组织与人体热舒适［J］．建筑热能通风空调，2006（5）：22－26．

［23］林学椿，于淑秋．北京地区气温的年代际变化和热岛效应［J］．地球物理学报，2005，48（1）：39－45．

［24］林宇凡，杨柳，郑武幸，等．中国南北方男性大学生在可接受冷环境区的生理适应性和主观感受［J］．土木建筑与环境工程，2018，40（4）：55－62．

[25] 刘光立．垂直绿化及其生态效益研究［D］．雅安：四川农业大学，2002.

[26] 刘丽英．关于着装人体热舒适方程的计算与分析［J］．青岛大学学报（工程技术版），2013，28（4）：68－70.

[27] 柳原．人造雾：降温加湿效果显著［N］．中国花卉报，2008－08－05（3）.

[28] 鲁晓州．土壤蓄能技术在工程中的应用［D］．西安：西安建筑科技大学，2007.

[29] 罗道亨．基于运动热舒适的广州地区训练馆建筑适应性设计策略研究［D］．广州：华南理工大学，2016.

[30] 马少龙．福州市城市垂直绿化美学评价及构建初探［D］．福州：福建农林大学，2001.

[31] 钱锋，汤朔宁．绿色建筑自然通风设计研究——以同济大学嘉定体育中心为例［J］．建筑科学，2018，34（8）：106－111.

[32] 屠欣丞．细水雾大空间局域环境调节的研究［D］．镇江：江苏大学，2009.

[33] 王登甲，王晗旭，刘艳峰，等．青海乡域中小学教室内学生冬季的热舒适性［J］．土木建筑与环境工程，2017，39（1）：32－37.

[34] 王晓昌，肖勇强，熊家晴．体育建筑环境与设备［M］．北京：人民体育出版社，2009.

[35] 王怡，刘加平．空调房间冬季室内致适参数的分析与研究［J］．暖通空调，2000，3（3）：12－14.

[36] 王宇欣，马承伟．集中雾化降温试验中的喷嘴性能测试分析［J］．河南城建高专学报，1998（1）：12－17.

[37] 王昭俊，宁浩然，任静，等．严寒地区人体热适应性研究（1）：住宅热环境与热适应现场研究［J］．暖通空调，2015，45（11）：73－79.

[38] 魏润柏，徐文华．热环境［M］．上海：同济大学出版社，1994.

[39] 魏太兵．基于 LEED 的房地产绿色评价研究［D］．西安：长安大学，2006.

[40] 翁锡全，林文弢．气象和气候条件对体育运动的影响［J］．广州体育学院学报，1991，11（20）：51 －54.

[41] 徐莉燕．绿色建筑评价方法及模型研究［D］．上海：同济大学，2006.

[42] 薛伟伟．建筑巧育绿化降湿效果研究［D］．合肥：合肥工业大学，2016.

[43] 杨柳，闫海燕，茅艳，等．人体热舒适的气候适应基础［M］．北京：科学出版社，2017.

[44] 杨思文．高等工程热力学［M］．北京：高等教育出版社，1988.

[45] 叶晓江，周正平，连之伟，等．不同城市自然通风建筑热舒适状况研究［J］．建筑节能，2007，35（4）：55－57.

[46] 阴腾龙．建设体育强国进程中体育场馆资源非均衡发展研究［J］．广州体育学院学报，2017，37（6）：15 －18.

[47] 尹慧，狄育慧，王丽娟．不同运动水平下生理参数与人体主观感受测定［J］．西安工程大学学报，2017，31（2）：204 －208.

[48] 张华玲，张敏飞．重庆地区夏季非空调室内环境的热舒适研究［J］．长江流域资源与环境，2012，21（8）：1013 －1017.

[49] 张娟娟．运动与热环境［J］．当代体育科技，2011（5）：13 －15.

[50] 章熙民，任泽霈，梅飞鸣．传热学［M］．北京：中国建筑工业出版社，2007.

[51] 重庆大学，中国建筑科学研究院．民用建筑室内热湿环境评价标准：GB/T 50785—2012．［S］．北京：中国建筑出版社，2012.

[52] 周翔．偏热环境下人体热感觉影响因素及评价指标研究［D］．北京：清华大学，2008.

[53] 朱亚成．关于《体育发展“十三五”规划》的若干探讨［J］．南京体育学院学报（社会科学版），2016，30（3）：85 －92.

[54] 朱颖心．建筑环境学［M］．北京：中国建筑工业出版社，2010.

[55] AGHNIAEY S，LAWRENCE T M，SHARPTON T N，et al．Thermal comfort evaluation in campus classrooms during room temperature adjustment corresponding to demand response［J］．Building and Environment，2019，148：488 －497.

[56] AKBARI H，KURN D M，BBRETZS E，et al．Peak power and cooling en-

ergy shade trees [J]. Energy and Buildings, 1997, 25 (2): 139 - 148.

[57] ALIABADI M, FARHADIAN M, JALALI M, et al. A new empirical approach for predicting heat strain in workers exposed to hot indoor environments [J]. SAGE Publications, 2018, 27 (5): 597 - 605.

[58] ASHRAE 55 - 2013. Thermal environment conditions for human occupancy [S]. Atlanta: American Society of Heating, Refrigerating and Air Conditioning Engineers, 2013.

[59] BRAGER G S, Dear R. Thermal adaption in the built environment: A literature review [J]. Energy and Buildings, 1998, 27 (1): 83 - 96.

[60] BRANCO F, TADEU A. SIMOES N. Heat conduction across double brick walls via BEM [J]. Building and Envi ronrnent, 2004, 39 (1): 51 - 58.

[61] CAO B, ZHU Y, LI M, et al. Individual and district heating: A comparison of residential heating modes with an analysis of adaptive thermal comfort [J]. Energy and Buildings, 2014, 78: 17 - 24.

[62] CAO B, ZHU Y, OUYANG Q, et al. Field study of human thermal comfort and thermal adaptability during the summer and winter in Beijing [J]. Energy and Buildings, 2011, 43 (5): 1051 - 1056.

[63] CARLOS J, CORVACHO H. Evaluation of the performance indices of a ventilated double window through experimental and analytical procedures: SHGC - values [J]. Energy and Buildings, 2015, 86: 886 - 897.

[64] CHAN A P C, YI W, WONG D P, et al. Determining an optimal recovery time for construction rebar workers after working to exhaustion in a hot and humid environment [J]. Building & Environment, 2012, 58 (4): 163 - 171.

[65] CHENG C Y, CHEUNG K K S, CHU L M, Thermal performance of a vegetated cladding system on facade walls [J]. Building and Environment, 2010, 45 (8): 1779 - 1787.

[66] CHEUNG S S. Interconnections between thermal perception and exercise capacity in the heat scand [J]. J. Med. Sci. Sports, 2010, 20: 53 - 59.

[67] COCCOLO S, KAMPF J, SCARTEZZINI J L, et al. Outdoor human comfort

and thermal stress: A comprehensive review on models and standards [J]. Urban Climate, 2016, 18: 33 – 57.

[68] COHEN J. Statistical power analysis for the behavioural sciences [M] 2nd ed. New Jersey: Hillsdale, 1998.

[69] DE DEAR R J, AULICIEMS A. Validation of the predicted mean vote model of thermal comfort in six Australian field studies [J]. ASHRAE Transactions, 1985, 91 (1):452 – 468.

[70] DEAR R D, KIM J, PARKINSON T. Thomas Parkinson. Residential adaptive comfort in a humid subtropical climate – Sydney Australia [J]. Energy and Buildings, 2017, 158: 1296 – 1305.

[71] DEDEAR R J, BRAGER G S. Developing an adaptive model of thermal comfort and preference [J]. ASHRAE Trans, 1998, 104 (1): 145 – 157.

[72] DEDEAR R J, BRAGER G S. Developing an adaptive model of thermal comfort and preference [J]. ASHRAE Transactions, 1998, 104 (2): 146 – 167.

[73] DI H F, WANG D N. Cooling effect of ivy on a wall [J]. Experimental H, 1999, 12 (3): 235 – 245.

[74] El – DARWISH, INGY, GOMAA M. Retrofitting strategy for building envelopes to achieve energy efficiency [J]. Alexandria Engineering Journal, 2017, 56: 579 – 589.

[75] ELHAKEEM A, COOPER R, BANN D, et al. Birth Weight, School Sports Ability, and Adulthood Leisure – Time Physical Activity [J]. Medicine & Science in Sports & Exercise, 2017, 49 (1): 64 – 70.

[76] FABBRI K. Thermal comfort evaluation in kindergarten: PMV and PPD measurement through datalogger and questionnaire [J]. Building and Environment, 2013, 68: 202 – 214.

[77] FANGER P O, TOFTUM J. Extension of the PMV model to non – air – conditioned buildings in warm climates [J]. Energy and Buildings, 2002, 34 (6): 533 – 536.

[78] FANGER P O, TOFTUM J. Thermal comfort in the future – excellence and

expectation [C] // Proceedings of Conference: Moving Thermal Standards into the 21st Century. Oxford: Oxford Brookes University, 2001.

[79] FANGER P O. Thermal Comfort [M]. America: Krieger Publishing Company, Malabar, FL, 1982.

[80] FANGER P O. Calculation of thermal comfort, Introuction of a basic comfort equation [J]. ASHRAE Transact, 1967, 73 (2): 1-4.

[81] FANGER P, TOFTUM J. Extension of the PMV model to non - air - conditioned buildings in warm climates [J]. Energy Build, 2002, 34 (6): 533 -536.

[82] FANGER P. Thermal comfort: analysis and applications in environmental engineering [M]. Copenhagen: Danish Technical Press, 1970.

[83] GARCÍA A, OLIVIERI F, LARRUMBIDE E, et al. Thermal comfort assessment in naturally ventilated offices located in a cold tropical climate, Bogotá [J]. Building and Environment, 2019, 158: 237 -247.

[84] HADDAD S, KING S, OSMOND P, et al. Questionnaire design to determine children's thermal sensation, preference and acceptability in the classroom [C]. Plea 2012 - International Conference: Opportunities, Limits and Needs, Towards An Environmentally Responsible Architecture, 2012.

[85] HALAWA A E, HOOF J V. The adaptive approach to the thermal comfort: a critical overview [J]. Energy and Buildings, 2012, 51 (4): 101 -111.

[86] HANQING W, CHUNHUA H, ZHIQIANG L, et al. Dynamic evaluation of thermal comfort environment of air - conditioned buildings [J]. Building and Environment, 2006, 41: 1522 -1529.

[87] HARLAN S L, BRAZEL A J, PRASHAD L, et al. Neighborhood microclimates and vulnerability to heat stress [J]. Social Science & Medicine, 2006, 63 (11): 2847 -2863.

[88] HAVENITH G, HEUS R, LOTENS W A. Resultant clothing insulation: a function of body movement, posture, wind, clothing fit and ensemble thickness [J]. Ergonomics, 1990, 33 (1): 67 -84.

[89] HUMPHREYS M A. Study of the thermal comfort of primary school children in

summer [J]. Building and Environment, 1977, 12 (4): 231 -239.

[90] IP K, LAM M, MILLER A. Shading performance of a vertical deciduous clcanopy [J]. Building and Environment, 2010, 45 (1): 81 -88.

[91] ISO. ISO 7730: Ergonomics of the thermal environment - Analytical determination and interpretation of the thermal comfort using calculation of the PMV and PPD indices and local thermal comfort criteria [S]. Management, 2005, 3: 605 -615.

[92] JING S, LEI Y, WANG H, et al. Thermal comfort and energy - saving potential in university classrooms during the heating season [J]. Energy and Buildings, 2019, 202: 109390.

[93] JING X, ZHIWEI L, XIN Z, et al. Effects of temperature steps on human health and thermal comfort [J]. Building and Environment, 2019, 94: 144 -154.

[94] JOHANSSON E, YAHIA M W, ARROYO I, et al. Outdoor thermal comfort in public space in warm - humid Guayaquil, Ecuador [J]. International journal of biometeorology, 2018, 6293: 387 -399.

[95] JUNGSOO K, DE DEAR R. Thermal comfort expectations and adaptive behavioural characteristics of primary and secondary school students [J]. Building and Environment, 2018, 127: 13 -22.

[96] JUNGSOO K, RICHARD D D. Thermal comfort expectations and adaptive behavioural characteristics of primary and secondary school students [J]. Building and Environment, 2018, 127: 13 -22.

[97] KHOSHBAKHT M, GOU Z, ZHANG F. A pilot study of thermal comfort in subtropical mixed - mode higher education office buildings with different change - over control strategies [J]. Energy and Buildings, 2019, 196: 194 -205.

[98] KIM J, TARTARINI F, PARKINSON T, et al. Thermal comfort in a mixed - mode building: Are occupants more adaptive? [J]. Energy and Buildings, 2019, 203: 109436.

[99] KOENIGSBERGER O H, INGERSOLL T G, ALAN MAYHEW, et al. Manual of Tropical Housing and Building [M]. England: Longman, 1974.

[100] KWOK ALISON G. Thermal comfort in tropical classroom [J]. ASHRAE

Transactions, 1998, 104: 1031 -1047.

[101] LAU S S Y, ZHANG J, TAO Y. A comparative study of thermal comfort in learning spaces using three different ventilation strategies on a tropical university campus [J]. Building and Environment, 2019, 148: 579 -599.

[102] LIČINA V F, Cheung T, Zhang H, et al. Development of the ASHRAE Global Thermal Comfort Database II [J]. Building and Environment, 2018, 142: 502 -512.

[103] LUO M, DEAR R D, JI W, et al. The dynamics of thermal comfort expectations [J]. Buildings and Environment, 2016, 95: 322 -329.

[104] LUO M, WANG Z, KE K, et al. Human metabolic rate and thermal comfort in buildings: The problem and challenge [J]. Building and Environment, 2018, 131 (1): 44 -52.

[105] MACPHERSON R K. The assessment of the thermal environment a review [J]. British Journal of Industrial Medicine, 1962, 19 (3): 151 -164.

[106] MAJEWSKI G, TELEJKO M, LUKASZ J. Analysis of Thermal Comfort in an Intelligent Building [J]. Civil and Environmental Engineering Reports, 2017, 13 (1): 72 -76.

[107] MENTENS J, RAES D, HERMY M . Green roofs as a tool for solving the rainwater run problem in the urbanized 21st century [J]. Landscape and urban pianning, 2017 (3): 217 -226.

[108] MERABTINE A, MAALOUF C, HAWILA A, et al. Building energy audit thermal comfort and IAQ assessment of a school building: a case study [J]. Building and Environment, 2018, 145: 62 -76.

[109] MISHRA A K, LOOMANS M, HENSEN J. Thermal comfort of heterogeneous and dynamic indoor conditions an overview [J]. Building and Environment, 2016, 109: 82 -100.

[110] MOHAMED K H, KANSAH N B, CHALEB F A, et al. Enhancement of thermal comfort in a large space building [J]. Alexandria Engineering Journal, 2018, 58 (12): 49 -65.

［111］NADEL E R，MITCHELL J W，STOLWILK J. Differential thermal sensitivity in the human skin ［J］. Pflügers Archiv，1973，340：71 –76.

［112］NICOL F，HUMPHREYS M. Derivation of the adaptive equations for thermal comfort in free – running buildings in European standard EN15251 ［J］. Building and Environment，2010，45 （1）：11 –17.

［113］PANTAVOU K，THEOHARATOS G，MAVRAKIS A，et al. Evaluating thermal comfort conditions and health responses during an extremely hot summer in Athens ［J］. Build. Environ，2011，46 （2）：339 –344.

［114］PEREZ G，RINCON L，VILA A，et al. Green vertical systems for building as pass systems for energy savings ［J］. Applied energy，2011，88 （12）：4854 –4859.

［115］PHILIP J R，DE VRIES D A. Moisture rnovernent in porous rnaterials under ternperature gradients ［J］. Trans Arn Geophys Union，1957，38 （2）：222 –232.

［116］POTCHTER O，COHEN P，LIN T，et al. Outdoor human thermal perception in various climates：A comprehensive review of approaches，methods and quantification ［J］. Science of the Total Environment，2018，631 –632 （8）：390 –406.

［117］RAJAGOPALAN P，LUTHER M B. Thermal and ventilation performance of a naturally ventilated sports hall within an aquatic centre ［J］. Energy and Buildings，2013，58：111 –122.

［118］REENA K M，MATHEW A T，JACOB A. A flexible control strategy for energy and comfort aware HVAC in large buildings ［J］. Building and Environment，2018，145：330 –342.

［119］RICHARD D. Revisiting an old hypothesis of human thermal perception：alliesthesia ［J］. Building Research & Information，2011，39 （2）：108 –117.

［120］RUPP R F，VASQUEZ N G，LAMBERTS R. A review of human thermal comfort in the built environment ［J］. Energy Building，2015，105：178 –205.

［121］SANTAMOURIS M，PAVLOU C，DOUKAS P，et al. Investigating and analysin and environmental performance of an experimental green roof system nursery school building in Athens，Greece ［J］. Energy，2007，32 （9）：1781 –1788.

［122］SCHILLER G E，A comparison of measured and predicted comfort in office buildings [J]. ASHRAE Transactions, 1990, 96 (1): 609 - 622.

[123] SHOOSHTARIAN S. Theoretical dimension of outdoor thermal comfort research [J]. Sustainable Cities and Society, 2019, 47: 101495.

[124] SKARNING G, HVIID C A, SVENDSEN S. The effect of dynamic solar shading on energy, daylighting and thermal comfort in a nearly zero - energy loft room in rome and Copenhagen [J]. Energy and Buildings, 2017, 135: 302 - 311.

[125] SZUCS A, MOREAU S, ALLARD F. Spectators' Aero thermal Comfort Assessment Method in Stadia [J]. Building and Environment, 2007, 42 (6): 2227 - 2240.

[126] TEWARI P, MATHUR S, MATHUR J, et al. Field study on indoor thermal comfort of office buildings using evaporative cooling in the composite climate of India [J]. Energy and Buildings, 2019, 199: 145 - 163.

[127] TOBY C, STEFANO S, THOMAS P. Analysis of the accuracy on PMV - PPD model using the ASHRAE Global Thermal Comfort Database II [J]. Building and Environment, 2019, 153: 205 - 217.

[128] TONGLING W, BIN C, YINGXIN Z. A field study on thermal comfort and air - conditioning energy use in an office building in Guangzhou [J]. Energy and Buildings, 2018, 168: 428 - 437.

[129] WANG Y, GAO J, XING X, et al. Measurement and evaluation of indoor thermal environment in a naturally ventilated industrial building with high temperature heat sources [J]. Building and Environment, 2016, 96: 35 - 45.

[130] YAO R, LI B, LIU J. A theoretical adaptive model of thermal comfort-Adaptive Predicted Mean Vote (aPMV) [J]. Building and Environment, 2009, 44 (10): 2089 - 2096.

[131] ZEILER W, BOXEM G. Effects of thermal activated building systems in schools on thermal comfort in winter [J]. Building and Environment, 2009, 44 (11): 2308 - 2317.

[132] ZHANG Y. Design criteria of built thermal environment for Hot Summer & Warm Winter zone of China [J]. Building and Environment, 2015, 88: 97 - 105.

[133] ZHAOSONG F, XIAONING X, XIAOQING Z, et. al. Investigation into the thermal comfort of university students conducting outdoor training [J]. Building and Environment, 2019, 149: 26 - 38.

[134] ZHE W, RICHARD D, MAOHUI L. Individual difference in thermal comfort: A literature review [J]. Building and Environment, 2018, 138: 181 - 193.

[135] ZHENG G, ZHU N, TIAN Z, et al. Sun. Application of a trapezoidal fuzzy AHP method for work safety evaluation and early warning rating of hot and humid environments [J]. Saf. Sci, 2012, 50 (2): 228 - 239.

[136] ZHU Y, LUO M, OUYANG Q, et al. Dynamic characteristics and comfort assessment of airflows in indoor environments: A review [J]. Building and Environment, 2015, 43 (9): 12.